JN062464

次世代に向けた電子図書館の可能性

長年にわたり筆者の仕事を支え続けてくれた
パートナー・湯浅敬子に捧ぐ

次世代に向けた電子図書館の可能性

湯浅 俊彦 著

SMP
mediapal
出版メディアパル

まえがき

『次世代に向けた電子図書館の可能性』

　日本国内では公共図書館における電子図書館サービスの導入館が2020年度以降、急速に増加した。それは新型コロナウイルス感染症拡大という環境下、2020年4月に政府が緊急事態宣言を発出し、全国の公共図書館が休館を余儀なくされたこと。また、内閣府地方創生準備室から発表された「2020年度新型コロナウイルス感染症対応地方創生臨時交付金事業」の交付金活用事例案として電子図書館が具体的に示されたために、予算的措置が講じやすくなったという外在的要因があったからである。

　一方、電子図書館導入の内在的要因としては、公共図書館の休館によって、閲覧・貸出に重きを置いた従来型の利用者サービスに対して、非来館型サービスとしての電子図書館の機能と役割が再評価されたこと。また、スマホ、タブレット、パソコンを使いこなす多くの人々の情報行動の変化に対応する動きが公共図書館内にもようやく現れ始めたことが挙げられる。

　さらに、文部科学省が予算的措置を強化して推進した児童、生徒が1人1台のデバイスを活用する「GIGA スクール構想」といった ICT を活用した学校教育の方向性が、社会教育施設である公共図書館にも大きな影響を与えたともいえるだろう。実際、文部科学省は全国の図書館関係者と教育関係者に「1人1台端末環境下における学校図書館の積極的な活用及び公立図書館の電子書籍貸出サービスとの連携について」（通知）を送信している。

　しかし、そもそもデジタル・ネットワーク社会にふさわしい図書館情報資源の見直し、つまり電子資料と紙の資料の双方を活用するハイブリッド型図書館サービスの必要性は、すでに2010年代に国の図書館政策として提示されていたものである。

　本書は、2019年度より2023年度までの5年間に行われた、文部科学省・日本学術振興会による科学研究費助成事業（科学研究費補助金）基盤研究（B）（一般）の助成を受けた研究「公共図書館の多様な活動を評価する統合的指標の開発」（研究代表者：原田隆史・同志社大学教授）のうち、筆者が分担研究

者として実施した「非来館型サービス」の観点からの研究調査報告書である。

電子図書館のような新しい非来館型サービスの評価を考えるために、公共図書館を対象としたヒアリング調査を実施し、図書館における来館型サービスと非来館型サービスの位置づけをそれぞれ把握した上で、電子図書館の機能と役割を、とりわけ地方公共団体における総合計画と関連づけて考察したものである。本書はその研究成果として、

第1章では、公共図書館における電子図書館サービスは必ずしも非来館型サービスとしてだけではなく、来館型サービスにおいても利用されていることを明らかにした。

第2章では、ベンダーによる電子図書館サービスの現況を紹介し、電子図書館サービスの新たな方向性を考察した。

第3章では、なぜ日本国内では電子図書館サービスの普及が遅れたのか、紙の本の呪縛と読書アクセシビリティの実現という2つの観点から検証した。

第4章では、図書館DX（デジタルトランスフォーメーション）としてのデジタル化資料の電子送信サービスを再定置し、これからの公共図書館のあり方を検討した。

第5章では電子出版と電子図書館の諸相を館種の違いも含めてその歴史的経緯を振り返るため、2010年代に発表した筆者の論考を資料として収録した。

第6章では結論として、次世代に向けた新しい電子図書館サービスの可能性を探求した。

このようにして得られた知見をもとに、次世代に向けた新たな公共図書館を構築する実践的取り組みを提起することが、本書の目的である。

なお、本書の刊行にあたっては「追手門学院大学研究成果刊行助成制度」により助成を受けた。

ここに深くお礼申し上げたい。

2024年1月31日

湯浅　俊彦

目次

『次世代に向けた電子図書館の可能性』

第 1 章
電子図書館と滞在型図書館の関係

本章の内容

本章は、次世代に向けた新たな公共図書館の構築のために、札幌市、神戸市、明石市の公共図書館における電子図書館を活用した来館型サービスと非来館型サービスの現況を調査し、考察を行うものである。

とりわけ、電子図書館サービスを地方公共団体の総合計画と関連づけ、電子図書館サービスがどのような機能を発揮し、その実現に向けてどのような役割を担っているのか、その実態についてヒアリング調査をもとに検討を行った。

その結果、非来館型サービスを中心に考えられていた電子図書館サービスは、来館型サービスでもきわめて有効に機能しており、市民的価値の創出に新たな可能性を拓いていることが明らかになった。

なお、本稿は、『追手門学院大学　国際教養学部紀要』第15号（2022.3）に発表した論文を収録したものである。

第 1 節

公共図書館における電子図書館サービスの現況

1 感染症拡大と電子図書館

　デジタル化とネットワーク化を特徴とする今日の社会において、公共図書館ではICTを活用した利用者に対する新たなサービスの提供が喫緊の課題となっている。しかし、日本の公共図書館においては電子図書、電子雑誌、データベース等の電子資料を利用者に提供する電子図書館サービスはきわめて低い導入率にとどまっている。

　電子出版制作・流通協議会による2020年1月1日時点の調査では、日本において公共図書館を持つ地方公共団体1,386のうち電子図書館を導入しているのは、わずか91自治体、88電子図書館であった[*1]。

　一方、井上靖代は米国とカナダの電子図書館サービスの実態について、"American Libraries"の2019年12月31日付けオンライン記事を引用して、次のように報告している[*2]。

　「図書館向けに電子書籍貸出システムを提供しているオーバードライブ社のプラットフォームは米国・カナダの95%の公共図書館や多数の学校図書館で

---

*1　電子出版制作・流通協議会「電子図書館（電子書籍貸出サービス）実施図書館（2021年07月01日）」資料のうち、2020年1月1日時点の項目を参照のこと。https://aebs.or.jp/Electronic_library_introduction_record.html（参照：2023-12-13）
　　なお、この調査の最新版である2021年7月1日時点の調査は「全国の公共図書館（中央館）1,386館のうち、メール及び郵送で997館を対象にアンケートを依頼し、6月から8月にかけて486館からの回答を得たものである」としている。つまり1自治体に複数の公共図書館があっても電子図書館については、1自治体は1図書館とカウントする考え方を採用している。また、複数の異なる自治体が共同で運営している電子図書館があるため、自治体数と図書館数が一致していない。

導入され4万3000館以上と契約している。他にも EBSCO 社や3M 社などとの契約により、多様なプラットフォームを公共・学校図書館は採用している。」

つまり、日本では公共図書館のわずか6％程度しか電子図書館サービスを導入していないのに対して、米国とカナダでは95％で導入されており、ちょうど導入館と非導入館の比率が逆転しているのである。

ところが2020年に顕在化した新型コロナウイルス感染症拡大により、日本では2020年4月7日には政府による「緊急事態宣言」が発出され、多くの公共図書館が休館し、利用者への閲覧サービス、貸出サービスを停止せざるを得ない事態となった。

このような状況の中で、電子図書館サービスを導入していた図書館はその貸出冊数を大きく伸ばし[3]、未導入館では電子図書館サービスの導入へと方針を転じるところも増加するところとなった。

同じ電子出版制作・流通協議会による2021年7月1日時点の調査によると、公共図書館において「電子書籍貸出サービス」を実施している図書館は、229自治体で222館と急増したのである。しかし、それでも全国の地方公共団体が設置した公共図書館（中央館）の16％しか導入されていない[4]。

それにしても、新型コロナウイルス感染症拡大による図書館サービスの低下を、電子図書館サービスを導入することによって解消しようとするこのような試みは、新しい図書館史のはじまりといってよいだろう。そして、そのことは「非来館型サービス」という公共図書館の利用者サービスの1つの範疇として従来から存在していたサービス形態を、ICT 活用型の新サービスに転換したともいえるのである。

ところで、電子図書館サービスとははたして従来からの紙媒体の図書や雑誌をデジタル化し、閲覧・貸出に提供するということだけなのであろうか。すな

＊2　井上靖代「米国での電子書籍貸出をめぐる議論」『カレントアウェアネス』No.344、2020.6.20、p.17
https://current.ndl.go.jp/ca1978（参照：2023-12-13）
＊3　図書館流通センタープレスリリース「5月貸出実績は前年同月比526％！　3ヶ月連続大幅増」（2020年6月16日）によると、TRC 電子図書館サービスを導入している全国78自治体の2019年5月の貸出実績は16,239件であったが、2020年5月は貸出数が85,392件となり、前年同月比526.5％の大幅増となっている。新型コロナウイルスの影響で利用が伸びていた2020年4月と比較しても前月対比でも126％増となっている。
https://www.trc.co.jp/information/pdf/20200616_TRCrelease.pdf（参照：2023-12-13）
＊4　電子出版制作・流通協議会「電子図書館（電子書籍貸出サービス）実施図書館（2021年07月01日）」
https://aebs.or.jp/Electronic_library_introduction_record.html（参照：2023-12-13）

わち、1960年代からの「貸出冊数」と「入館者数」という長きにわたる日本の公共図書館の評価基準の延長線上に、非来館型サービスである電子図書館をとらえてよいものかという疑問が残るのである。

　つまり、デジタル・ネットワーク社会の中で公共図書館に求められる機能と役割を再構築し、非来館型サービスである電子図書館に対する新しい評価基準が策定される必要があると考えられるのである。

2 電子図書館と市民的価値の創出

　本稿は、文部科学省・日本学術振興会による科学研究費助成事業（科学研究費補助金）基盤研究（B）（一般）の助成を受けた研究課題「公共図書館の多様な活動を評価する統合的指標の開発」において、「非来館型サービス」の観点からの分担研究として、日本の公共図書館全体を対象とする大規模な質的・量的調査を実施するための予備調査を行ったものである。

　すなわち、電子図書館のような新しい非来館型サービスの評価基準を策定するための予備調査として、札幌市、神戸市、明石市の公共図書館における来館型サービスと非来館型サービスの位置づけをそれぞれ把握した上で、電子図書館の機能と役割をとりわけ地方公共団体における総合計画と関連づけて考察することを目的とする。

　したがって、地方公共団体がめざす地域の経済活動の発展、文化活動の活性化、安心・安全の街づくり、次世代が活躍する未来をデザインといった総合計画のそれぞれの項目ごとに、電子図書館がどのような機能を発揮し、その実現に向けてどのような役割を担い、市民的価値の創出にどのようにかかわるのか、という理念と実態を明らかにすることを試みる。

　そして、公共図書館における電子図書館サービスの可能性を精査し、そのパフォーマンスが最大限になるための評価方法を検討する。

3 ヒアリング調査の実施

　本稿では、次の2点の研究方法を用いて調査を行った。
（1）札幌市図書館、神戸市立図書館、明石市立図書館の担当者に対するヒアリ

ング調査を実施し、現在の来館型サービスと非来館型サービスが市民に提
供する利便性や価値を精査する。

(2) 電子図書館サービスに関するヒアリングを実施し、紙媒体を中心とした図
書館資料がデジタル化されることにより、新たな可能性をもたらしたこと
を検証する。

　具体的には、(1) 2020年2月10日に札幌市図書・情報館の淺野隆夫館長（当
時。現在、札幌市まちづくり政策局政策企画部プロジェクト担当部長／札幌市
中央図書館調整担当部長）、札幌市えほん図書館の石崎明日香主査（当時。現
在、保健福祉部保護一課保護二係長）、(2) 2021年3月18日に神戸市立中央図
書館の鎌田寛子総務課企画情報担当課長、(3) 2021年3月22日に明石市立西
部図書館の阪本健太郎館長代理へのヒアリングを実施した。

　このヒアリング調査を中心に本稿では非来館型サービスに関する評価基準に
ついて考察を行う。

第
2
節

電子図書館サービスと地方公共団体における総合計画の実現

1 札幌市図書・情報館

　札幌市図書・情報館は、札幌の中心市街地に位置する「札幌市民交流プラザ」に2018年10月7日に開館した、都心に集うおとな向けの課題解決型図書館である。この図書館のもっとも大きな特徴は、常に最新の情報を提供するために図書の館外貸出は行わず、館内閲覧のみにしたことだろう。つまり、これまでにないタイプの来館型図書館であり、コンセプトは徹底した滞在型図書館であることなのである。

　1階エリアは約300㎡、開放的な空間に、北海道・札幌の魅力を伝える図書や雑誌が並び、セミナーやイベントが不定期で開催されている。読書しながらカフェが利用できる構造になっている。

　2階エリアは約1,200㎡、「WORK」「LIFE」「ART」の3つのエリアに分かれており、分野ごとに専門的な図書が排架されている。仕事や各種会議が可能なグループエリア、読書に集中できるリーディングルームなどがある。

　ここでは札幌市の総合計画との関係において、この新しい図書館の機能と役割を検討する。札幌市の総合計画「札幌市まちづくり戦略ビジョン・アクションプラン2019」は次のようなものである[5]。

（1）安心して暮らせる強く優しい街

＊5　札幌市「札幌市まちづくり戦略ビジョン・アクションプラン2019」
　　https://www.city.sapporo.jp/chosei/actionplan2019.html（参照：2021-09-24）

(2) 女性がさらに輝き活躍する街
(3) すべての子どもたちが健やかに育つ街
(4) 人材を育み成長を続ける躍動の街
(5) 魅力と活力にあふれる成熟した街
(6) 行政サービスを高度化し不断の改革に挑戦する街

　淺野隆夫館長に対するヒアリング調査の結果、札幌市図書・情報館では札幌市の総合計画に沿って運営する姿勢が明確であることが判明した。図書館の書架構成との関係は以下の通りである。なお、ヒアリングは2020年2月10日（月）12:30-14:20、札幌市図書・情報館2階「ミーティングルーム1」にて実施した。

(1) 安心して暮らせる強く優しい街
　図書・情報館の「WORK エリア」は、札幌の産業構造を考慮したコーナー作りを行っている。いま実際に札幌で中心となっている産業だけでなく、例えばこれから伸びていくであろう「ヘルスケア」に関連する図書を集めた書架となっているのは、担当する図書館司書の研究の結果である。
　「LIFE エリア」は、「結婚」の書架の裏に「出産」「育児」がある。また「LGBT」の書架は、市役所の LGBT 担当者の協力を得て選書している。なお、札幌市では全国的にも比較的早い2018年6月に同性カップルに法的な権利や義務を認める「札幌市パートナーシップ宣誓制度」を採り入れている。

(2) 女性がさらに輝き活躍する街
　女性の活躍は秋元克広市長（2015年より1期、2019年より2期目）の選挙公約でもあり、女性の仕事については強く意識し、セミナーでも女性の起業関係が多い。そして、それは図書の閲覧にも反映している。

(3) すべての子どもたちが健やかに育つ街
　札幌市図書・情報館の利用者ターゲットとして、子どもは想定しておらず、子どもは中央図書館やえほん図書館等の管轄とし、役割分担を行っている。すなわち図書・情報館ではおとなを対象とした利用者サービスを「LIFE エリア」

と「WORKエリア」で展開している。

(4) 人材を育み成長を続ける躍動の街

　「WORKエリア」でいま働いている人たちの働き方はどうなっているのだろうというテーマで排架している。その書架では、上段から順に「働き方を考える」「働かない方法を考える」「やりたいことをやってみる」「だましだまし働く」「働きつづけること」という構成になっており、必ずしも日本十進分類法（NDC）に準拠しない独自の排架を行っている。

　例えば、「ビジネススキル」のコーナーに「コミュニケーション」という棚があり、その中の1段は「会話がはずむコツ」という分類になっているが、そこにある『「できる人」の話し方』はNDC分類では「336.49」、『「聞き上手」さんの習慣』は「809.5」、『マンガでやさしくわかる傾聴』は「146.8」というように「NDC」崩しを行っている。

(5) 魅力と活力にあふれる成熟した街

　図書・情報館は、札幌市の「アクションプラン」の中では、「都心の魅力づくり」に分類されている。図書・情報館はこの位置から東側を活性化させるために作られた側面もある。

(6) 行政サービスを高度化し不断の改革に挑戦する街

　これは電子入札のような内容のことを意味しており、図書館としては直接関係しない。

　このように淺野館長からのヒアリングの結果、2018年10月、札幌に新たに誕生した図書・情報館は札幌市の総合計画「札幌市まちづくり戦略ビジョン・アクションプラン2019」に関連する図書館情報資源の利用者への提供という直接的な図書館業務と、新図書館そのものが街の活性化につながるという知の公共空間を形成することによって、大きく寄与していることが明らかになった。

　とりわけ、札幌市図書・情報館の「図書を貸し出さない図書館」という取り組みは利用者や図書館関係者に大きな反響を呼んでいる[*6]。淺野館長へのヒアリングによれば、「常に最新のものが読めていいね」という図書・情報館の利

用者の声は、これまでの図書館が図書の貸出を重視しすぎたからであるという。1970年代の「市民の図書館」、すなわち児童サービス、全域サービスを重視する公共図書館の実践が、いつか公共図書館が「無料貸本屋」と言われることになった。図書館の利用者には調べものをしている人もおり、この人たちからすれば書架にある図書が貸し出されていて利用できないのは不便ということになる。

　一方、2018年10月の開館から10カ月で100万人、1年目では110万人以上の来館者数となった来館型図書館である図書・情報館における電子資料の活用にも大きな特徴がある。

　そもそも札幌市図書館に電子図書館サービスが導入されたのは2014年10月であり、2011年から開始された「電子図書館実証実験」では、図書館の呼びかけに応じて札幌市内の出版社や雑誌社16社が参加し、地域コンテンツ約200冊が電子化され実証実験に使用され、約400名の市民モニターが参加するなど、きわめて早い段階から電子書籍の貸出サービスが行われていた[7]。

　その電子図書館サービス「TRC-DL」を、図書・情報館では札幌関係の電子図書を市民が利用し、ほかにも図書館司書がレファレンスに使っている。例えば、レファレンスでよく使われる札幌市の地域資料を300冊選書し、300件の著作権の許諾依頼を行ったところ、170件の承認が取れたため、これを電子図書館の独自資料として図書館がデジタル化して活用している。

　ほかにも『広報さっぽろ』などの電子資料はレファレンスでも活用され、『新札幌市史』については、一般社団法人北海道デジタル出版推進協会が図書館振興財団の助成を受けてデジタル化し、札幌市図書館に寄贈、TRC-ADEACのデータベースより公開している[8]。

　このように電子図書館は視覚障害等を有する利用者を対象とした非来館型サービスだけでなく、来館者向けのレファレンス業務でも活用されていることがヒアリングによって明らかになった。

＊6　淺野隆夫「『常識のカバーをはずそう』～札幌市図書・情報館が変えたこと、変えなかったこと～」『カレントアウェアネス』No.340　2019年6月20日　https://current.ndl.go.jp/ca1953（参照：2023-12-13）
＊7　北海道デジタル出版推進協会「hoppaについて」http://www.hoppa.or.jp/outline（参照：2023-12-13）
＊8　『新札幌市史』https://trc-adeac.trc.co.jp/WJ11C0/WJJS02U/0110005100

2 札幌市えほん図書館

　札幌市えほん図書館は、2016年11月7日に開館した絵本専門図書館である。未就学児向けの絵本を中心に約25,000冊（2021年3月末現在）所蔵し、（1）声を出して絵本を読むことができること、（2）人気のある絵本や定番の絵本は複数そろえて、来館した利用者がいつでも読めるようにしていること、（3）絵本の表紙が見えるように並べてあること、（4）ボランティアや地元の絵本作家等と連携すること、といった特徴がある[*9]。

　石崎明日香主査（当時）に対するヒアリング調査の結果、次のことが明らかになった。なお、ヒアリングは2020年2月10日（月）15:00〜16:20、札幌市えほん図書館会議室にて実施した。

(1) 札幌市の総合計画「札幌市まちづくり戦略ビジョン・アクションプラン2019」と「札幌市えほん図書館」の関係

　アクションプランのうち、「政策目標6 産業分野の人材を育む街（創造戦略6：産業人材創造戦略）の「施策1 将来を担う創造性豊かな人材の育成・活用」には施策の方向性が次のように示されている[*10]。

　「子どもたちが文化芸術に親しむ環境や、様々な就業体験、留学体験などの教育プログラムを充実させることで、幼い頃から創造性や国際感覚を育むなど、子どもたちの経験を豊かにする環境をつくるとともに、高等教育機関などにより、札幌・北海道の将来を担う創造性豊かな人材の育成につなげます。また、優れた人材が持つ知識や経験などを積極的に活用します。」

　そして、成果目標として「子供が育つ環境の豊かさを示す指標」として「子どもが、自然、社会、文化などの体験をしやすい環境であると思う人の割合」を2018年度の52.7%から2022年度に70%とするという具体的な数値が掲げられている。

　そのうち、札幌市中央図書館担当となっている事業は「読書チャレンジ・子

---

*9　札幌市えほん図書館「えほん図書館の基本情報」https://www.city.sapporo.jp/toshokan/ehon/（参照：2023-12-13)

*10 「札幌市まちづくり戦略ビジョン・アクションプラン2019」p.90
　　 https://www.city.sapporo.jp/chosei/documents/p70-95.pdf（参照：2021-09-24)

どもの読書活動推進事業」であり、2019年度の計画事業費2700万円が予算化されており、えほん図書館の運営もこのような札幌市の総合計画の一翼を担っていることが、石崎主査へのヒアリングによって明らかになった。

(2) 従来型の公共図書館における児童サービスと異なる札幌市えほん図書館の 特徴

　公共図書館では「児童」と括られてきた傾向があるが、0歳児から細分化して対象をとらえることにより、保護者のニーズも含めて、きめこまかな児童サービスを行う点に大きな特徴がある。0歳児は親子のふれあい遊びなど、親子のコミュニケーションを大事にしながら絵本に親しむ。そして、1歳から2歳児、3歳児以上というように年齢に合わせた企画を立てて、札幌市の子どもたちが「図書館デビュー」をするというイメージで運営しているという。

　年齢別おはなし会とは別に行われる「図書館デビュー」というイベントは参加者が多いことから、午前と午後に分けて2回開催し、さらに対象年齢を細分化している。夏休みや冬休みは実家に帰省中の利用者も当該イベントに参加する。

　公共図書館では人気のある図書の購入に予算をとられ、また館内では「お静かに」ということになるため、子ども向けの専門図書館を作る構想が生まれた。そこに白石区庁舎の建て替え時期に、賑わいを創り出すという住民ニーズもあって、札幌市えほん図書館が開館した。立地が良く、地下鉄の駅に直結しており、エレベーターがあり、バリアフリーが実現していることも利用者が増えている要因と考えられる。

　白石区複合庁舎の中には白石区役所、札幌市営の保育園、保健センターがある。いわゆるブックスタートとして「さっぽろ親子絵本事業」が行われており、保健センターで実施される乳児の4カ月検診などの際に何種類かの絵本から選択するスタイルになっている。

　札幌市えほん図書館には8人の図書館司書がおり、開館2年前くらいから札幌市中央図書館で人材を育成し、新規採用した。年間105回のおはなし会の実施には図書館司書の存在が大きい。また、保育園や幼稚園等の館内での団体受け入れのほか、アウトリーチサービスとして「ほうもんおはなし会」を行っている。

(3) デジタル絵本の利用実態
①タブレット端末で30タイトルのデジタル絵本を提供

「色味」の再現性にこだわった IROMI® エンジン搭載の大日本印刷（DNP）オリジナルタブレット端末で、インタラクティブ（双方向）な操作や動画・音声の再生などができ、子どもたちに新たな絵本の楽しみ方を提供している。

ただ、スワイプなどが幼稚園年長さんより上くらいでないと取り扱いが難しい印象がある。3歳以下が主流の札幌市えほん図書館では難し過ぎるかもしれないという。

②電子黒板で図書館司書が上演するデジタル紙芝居

ぬいぐるみのお泊まり会や幼稚園、保育園等の団体受け入れ時に上演している。

③デジタル絵本ワークショップ

絵本をテーマにしたデジタルとアナログの両方がある工作教室のイメージでいろいろな企画を実施した。

たとえば、「ピッケのつくるえほん」[11] を使ってデジタル絵本を制作し、制作した絵本を出力し、豆本サイズの紙の絵本を工作し、最後に上映会を行った。ある回に参加した子どもは直近までニューヨークに住んでいたらしく、デジタル絵本の制作作業の際、音声読み上げの録音をみずから英語で吹き込んでいた。

デジタル絵本は制作してから、感想を言いあったりする時間も大事である。2019年度は、5〜6歳の子どもたちを対象に読み聞かせを敢えて行ってから、デジタル絵本の制作を行った。もう少し小さい子であれば、1枚のカードを作ろうということもできる。父親と娘が子どものバースデーにデジタル絵本を作り、一緒に作ることを楽しんでいたというエピソードもあった。2019年9月には札幌市中央図書館にて対象年齢を小学生3〜6年生向けに実施したが、小学生になると文字が読めることから、絵本の内容に深みが出てくるし、英語で絵本を作る、作った絵本を動画にして YouTube で公開、そのプロセスを発信するといった企画のアレンジも可能である。

また、絵本作家のいしかわこうじ氏に来ていただいて、ご本人による読み聞かせと絵本にちなんだ工作体験と絵本のアプリを上映したイベントには2日間で515人が来館した。

---

*11 「ピッケのつくるえほん」https://www.pekay.jp/pkla/ipad（参照：2023-12-13）

紙とデジタルと両方ある方が面白く、こうしたイベントを機に札幌市えほん図書館のユニークユーザーになることも多い。実際、2018年11月に開催した「プログラミングまつり」当日は、1日の来館者が1,414人になった。

④「さっぽろ絵本グランプリ」

2019年度は札幌の街にちなんだ創作絵本のコンクールである第4回「さっぽろ絵本グランプリ」を開催し、受賞5作品を公開した。絵本作家を目指している方や40歳代から50歳代の主婦層が主な応募者層だが、11歳の子どもから70歳の高齢者までの応募があった。受賞作品である絵本コンテンツは、製本し館内閲覧や貸し出しに加え、電子図書館に登録して発信している。また、札幌市中央図書館等での読み聞かせ動画として活用されているほか、フジテレビ系列の地元のUHBテレビ内でアナウンサーによる読み聞かせ番組の中で取り上げられたほか、札幌市中央図書館や市内のデジタルサイネージでも放映された。

なお、当該コンクールは2019年度で事業を終了したが、2021年度には道内の出版社や雑誌社が主体としてデジタルコンテンツを推進する一般社団法人北海道デジタル出版推進協会が独自に北海道デジタル絵本コンテストを企画するなどの新たな取り組みが起こりつつある。

札幌市えほん図書館が持つリアルな場と、ICT活用型の新たなサービスの開発がきわめて適切に融合していることが、石崎主査へのヒアリングから明らかになった。

3 来館型サービスと非来館型サービス

以上、淺野隆夫館長、そして石崎明日香主査へのヒアリング調査によって、札幌市図書・情報館と札幌市えほん図書館が新しく開拓したきわめて斬新な図書館運営と利用者サービスの実態を把握することができた。

その特徴は次の3点であると考えられる。

第1に、札幌市の総合計画がめざす街づくりを意識した図書館の機能と役割を、新しい方法論によって実現しようとしていることである。

「総合計画」はかつて地方自治法においてその策定が義務付けられていたが、2011年の地方自治法の一部改正により、義務ではなく市町村の独自判断にゆだねられるようになった。しかし、一般的に総合計画が示す「基本構想」「基

本計画」「実施計画」はいわば地方政府の方向性を示す指針であり、住民の仕事や暮らしと直結している。

　そこで、図書館が単なる「無料貸本屋」ではなく、図書館のさまざまな利用者サービスが、市民的価値の創出につながっていくことこそ重要であろう。

　札幌市においてはたまたま財政的にゆとりがあるから「札幌市図書・情報館」と「札幌市えほん館」を次々と開館したわけではない。そうではなくて、札幌市の総合計画の一環として図書館の新たな可能性に着目し、成果をあげていくことが重要なのである。

　多くの地方公共団体では財政的に単独館の建て替えが困難な状況にある。しかし、淺野隆夫館長が「多くの視察を受けているが、最近は、都市計画、エリアマネジメントの関係者からのものが多くなってきている。これだけしかない面積でも『図書館が街の中で人の流れを作り、交流を生むことがわかった』との声が寄せられている」[12]と書くのも首肯できるのである。

　第2に、来館型図書館と非来館型図書館の位置づけが明確であることである。

　2016年と2018年にそれぞれ開館した「札幌えほん図書館」と「札幌市図書・情報館」は来館型図書館としてのコンセプトがはっきりと示され、かつ活動を通して市民的価値の創出につながっている。

　「札幌えほん図書館」では子どもを対象とし、その利用者サービスは年齢ごとに細分化され、絵本の蔵書構成やおはなし会の開催などの実態をみると、子どもと子どもを持つ親にとって文化的体験が提供される大切な居場所となっている。

　また、「札幌市図書・情報館」では図書館が有する文学を中心とする「読書センター」よりも「Life」や「Art」に関する「情報センター」としての機能が重視され、ビジネスや暮らしを助ける課題解決型図書館をめざしている。

　したがって、このような図書館がもつリアルな「場」の効果的形成にとって、電子資料の提供は来館型図書館の利用者サービスをより高度化するために利用されている。いわゆる非来館型のアウトリーチサービスとは異なる電子資料の使い方がここでは展開されているのである。

＊12 淺野隆夫「『常識のカバーをはずそう』〜札幌市図書・情報館が変えたこと、変えなかったこと〜」『カレントアウェアネス』No.340 2019年6月20日
　　https://current.ndl.go.jp/ca1953（参照：2023-12-13）

　第3に、札幌市中央図書館における非来館型サービスとしての電子資料の活用は、すでに述べたように2011年から開始された「電子図書館実証実験」から行われおり、2014年から本格的に導入されている。

　また、図書館流通センターの音声読み上げ機能を有する電子図書館サービス「TRC-DL」の障害者利用支援のためのテキスト版サイトを提供するなど、読書アクセシビリティの実現に取り組んでいる。なお「TRC-DL」は、障害者差別解消法が施行された2016年4月に合わせて実用化されたものである。

　一方で、来館者向けの電子図書館サービスとして札幌市図書・情報館におけるレファレンスサービスでの活用や、札幌市えほん図書館におけるデジタル絵本の専用端末での提供や電子黒板を使ったデジタル絵本の読み聞かせ、デジタル絵本ワークショップに取り組んでいるのである。

　以上3点の特徴は、これからの公共図書館像を形成していく上で、きわめて重要な視座を与えるものであろう。公共図書館が持つ新たな可能性を、札幌市の図書館は着実に示しているのである。

▋4 神戸市立図書館

　神戸市立図書館は2018年6月22日に電子図書館サービスを初めて導入した。これは神戸市と楽天株式会社が「Rakuten OverDrive」の提供に関する協定書を締結し、2年間試行として実施したものである。

　サービス名を「KOBE 電子図書館」とし、自宅に居ながら電子図書館が利用できるという利便性向上と小学校の英語教科化に向けて家庭で英語に親しむ機会を提供する目的であった[13]。

　この実証実験は2020年12月末で終了し、2021年1月5日から「神戸市電子図書館」とサービス名を変更し、図書館流通センターの電子図書館サービス「TRC-DL」を導入した。神戸市立図書館では2020年12月11日付けプレスリリースで、「With コロナの時代」に適合できる非来館型サービスも充実させるとしている[14]。

　神戸市立図書館では、それまでにも電子書籍の体験イベントは実施していた。

＊13「神戸市立図書館協議会」第2期第4回配布資料6「電子図書館の試行実施報告」(p.6-1)

　例えば、2010年11月28日から12月26日には神戸市立灘図書館において、「さわっとこ！未来！知っとこ！貴重資料！―電子書籍・貴重資料閲覧体験」と題して体験コーナーを設置し、iPadとKindleで「青空文庫」と神戸市立中央図書館が所蔵する貴重資料のデジタルアーカイブを閲覧する取り組みを行っている。また、神戸市立西図書館でも、2011年1月30日から2月27日に同様の電子書籍体験イベントを実施していたのである。

　2018年6月から本格的に始まった電子図書館サービスは、神戸市の総合計画とどのような関係にあるのかを調査するために、神戸市立図書館における電子図書館サービスの現況と来館型サービスと非来館型サービスに関するヒアリングを実施した。

　神戸市では、第5次神戸市基本計画の実施計画「神戸2020ビジョン」（計画期間2016〜2020年度）が2020年度に最終年度を迎え、後継計画として「神戸2025ビジョン」（計画期間2021〜2025年度）が策定された。

　そこで、「神戸2025ビジョン」の基本目標と図書館サービスの位置づけを中心にヒアリングを実施した。

　「神戸2025ビジョン」の基本目標は次の7点である。

基本目標1：魅力的な仕事の創出と多様な市民による経済成長
基本目標2：神戸独自の文化・芸術・魅力づくり
基本目標3：妊娠・出産・子育て支援と特色ある教育環境の充実
基本目標4：災害や感染症などを踏まえた社会システムの構築
基本目標5：安心・安全、健康でゆとりあるくらしの実現
基本目標6：将来にわたり持続可能な都市空間・インフラ
基本目標7：産学官連携強化と地域コミュニティの活性化

　鎌田寛子・総務課企画情報担当課長に対するヒアリング調査の結果、神戸市立図書館における電子図書館サービス導入は神戸市の総合計画を実現するため

＊14 神戸市文化スポーツ局・記者資料提供「電子図書の利用サービスを令和3年1月5日から本格実施します」
　　（令和2年12月11日）
　　https://www.city.kobe.lg.jp/a09222/kosodate/lifelong/toshokan/kisyahappyou/20201210.html
　　（現在、存在せず。）

の具体的施策であることが以下のように判明した。なお、ヒアリング調査は2021年3月18日（木）14:30〜15:45、3月24日の開館を目前に控えた神戸市立名谷図書館の会議室にて実施した。

　内容としては、（1）電子図書館と「神戸2025ビジョン」との関係、（2）電子図書館による課題解決型サービスとしての行政支援について、（3）学校連携と電子図書館サービス、（4）電子図書館と障害者サービス、多文化サービス、（5）来館型図書館の新しい展開と非来館型サービスの関係、の5点を中心にヒアリングを行った。

(1)「神戸2025ビジョン」との関係

　2021年3月24日開館の新図書館である神戸市立名谷図書館の特徴となっている図書館サービスの自動化は、「神戸2025ビジョン」の「基本目標4：災害や感染症などを踏まえた社会システムの構築」と関連している。

　具体的にはセルフ予約受け取り棚、自動返却機、座席管理システムは、人的資源を介することが少なくなるため、「非来館」ではなく、来館者に「非接触型サービス」を提供するものである。

　「自動化」とは「人的資源の削減」ではなく、図書や雑誌などの資料返却の時に大量に窓口に人が滞留するのではなく、自動返却機を導入することによって窓口業務を平準化し、貸出・返却だけでなく、窓口業務としてのレファレンスサービスに振り分けることを意図している。自動返却機は「仮返却」なので、あとで担当者が実際の返却業務は行うため、業務自体が減少するわけではないという。

　また、「基本目標3：神戸独自の文化・芸術・魅力づくり」には、図書館の新設と整備が貢献するという。

(2) 電子図書館による課題解決型サービスとしての行政支援について

　神戸市が生産するさまざまな行政資料を電子図書化する、いわば公共図書館における課題解決型サービスとしての行政資料の電子図書化については、現在、各部署作成の行政資料は各部署のホームページにPDFファイルの形で公開されているものを図書館が電子図書化し、図書館の電子図書館サイトに登録することで、行政資料が一覧でき探しやすくなるなど、市民にとってはメリットが

あると考えられる。

　神戸市立図書館では、図書館が発行している『としょぴか』と『神戸の本棚』の2種を電子図書館サービス「TRC-DL」の独自資料として公開している。このように神戸市が著作権者である著作物で電子図書化できるものは数多くあると考えられる。

　2020年1月6日の本格的電子図書館サービスの開始からまだ2ヶ月しか経っていないが、今後、何をどのような形で電子図書化していくか、方針を決めていく必要がある。浜松市立図書館が定住外国人向けに多言語の生活ガイドなどを独自資料に登録・公開しているような事例に、神戸市立図書館としても関心があるという。

(3) 学校連携と電子図書館サービス

　児童・生徒に1人1台の端末を支給する「GIGA スクール構想」が動き出し、子どもたちがデジタルデータを活用する機会がかなり増加すると考えられる。児童・生徒が宿題のために電子図書を利用するのもごく普通のことになってくるのではないか。学校連携については教育委員会の方針や協力が非常に重要であり、図書館単独でできることが限られる。子どもたち自身がデジタル絵本を制作するワークショップを開催し、その成果物を電子図書化する可能性はあるだろう。

(4) 電子図書館と障害者サービス、多文化サービスについて

　「読書バリアフリー法」に対応するため、「ロービジョン」の人たちの Web 会議に参加した。視覚障害を有する人たちの中には、「電子図書館」という言葉を知らない人もいる。神戸市立図書館が導入した「TRC-DL」の視覚障害者支援サイトがテキスト版で提供されていることを示し、広報を行っていきたい。

　一方、電子図書館を活用した多文化サービスも神戸市で実施することは可能であろう。2018年6月から試験的に開始した OverDrive 提供の「KOBE 電子図書館」では、音声読み上げ機能「Read-Along」が付いている英語の図書がよく利用されていた。限られた予算の中で紙媒体と電子媒体の比率をどのようにするか。多文化サービスのために多言語対応の電子図書コンテンツを契約することは可能だが、どの言語のタイトルをどの程度揃えるのかなど、課題は多

い。

　図書館としては定住外国人を支援するNPOとの連携など、多文化サービスに努めているが、電子図書館サービスが新たな可能性を広げると考えているという。

(5) 来館型図書館の新しい展開と非来館型サービスの関係

　試行実施の際の感触としては来館型の図書館利用者と、電子図書館サービスの利用者は、あまり重ならない印象であった。

　場所としての図書館の存在は、依然として重要視されている。その一方で、電子図書館は書架に並べてみるイメージではないので、トップページにある図書がよく借りられるという特徴がある。

　来館型と非来館型の図書館のこれからのあり方を検討し、より高度な利用者サービスにつなげたいという。

　以上の鎌田寛子課長へのヒアリング調査の結果から、次のことが明らかになった。

　第1に、神戸市の総合計画と電子図書館サービスの導入は密接な関係があることが判明したことである。

　2020年は新型コロナウイルス感染症拡大下、多くの図書館が臨時休館を余儀なくされる事態となった。

　2020年2月7日の「指定感染症指定（政令）」[15]を受けて、神戸市では市有施設は3月3日から3月15日まで臨時休館することとなり、神戸市立図書館も臨時休館、臨時窓口での予約図書の貸出を行った。

　そして、政府による2020年4月7日の「緊急事態宣言」発出により神戸市は引き続き市有施設の4月9日から5月6日までの臨時休館を決定、その後5月28日まで期間延長して臨時休館・臨時窓口での予約図書貸出を実施している[16]。

　したがって、「神戸2025ビジョン」の「基本目標4：災害や感染症などを踏

＊15 令和2年政令第11号「新型コロナウイルス感染症を指定感染症として定める等の政令」
　　https://elaws.e-gov.go.jp/document?lawid=502CO0000000011（参照：2023-12-13）
＊16「神戸市立図書館協議会」第7期第1回（2020年12月17日開催）配布資料「参考資料」神戸市立図書館の感染防止対策
　　https://www.city.kobe.lg.jp/documents/39414/7_1.pdf（参照：2023-12-13）

まえた社会システムの構築」を実現するためには、すでに試行的導入がなされていた非来館型サービスとしての電子図書館を本格的に導入することは急務であり、2021年1月からの「神戸市電子図書館」のサービス開始は神戸市の総合計画に沿ったものであった。

第2に、神戸市立図書館が2020年1月に導入した「TRC-DL」は、総務省が推奨するWebアクセシビリティの手順書である「みんなの公共サイト運用ガイドライン」に基づいて、JIS X 8341-3:2016の適合レベル「AA」に2019年より準拠しており*17、「障害者差別解消法」（「障害を理由とする差別の解消の推進に関する法律」）や「読書バリアフリー法」（「視覚障害者等の読書環境の整備の推進に関する法律」）に対応した図書館政策といえよう。

また、定住外国人を対象とした図書館の多文化サービスにおいても、音声読み上げ機能は有効であり、「TRC-DL」と150万タイトルを超える洋書の電子書籍を有するビブリオテカ社との提携によって、多文化サービスへの利用も可能となろう。多言語対応の電子書籍貸出サービスの導入は、神戸市中央区の住民の約10％にあたる12,000人が約100カ国からの定住外国人であり、「多文化共生」を掲げる神戸市にとっては喫緊の課題であるといえよう*18。

第3に、来館型図書館の新設や整備を図ると共に、非来館型サービスとしての電子図書館の活用を図っている点である。

神戸市立図書館では、2019年4月23日には北図書館北神分館が機能を拡充し、「北神図書館」（面積約1,320㎡、蔵書数約12万冊規模）として、隣接する商業施設エコール・リラ南館4階に移転・開館し、2021年3月24日に大丸須磨店4階に新設の「名谷図書館」（面積約1,300㎡、蔵書数5万冊規模）を開館している。さらに2022年度に「西図書館」（面積約3,000㎡、蔵書数20万冊規模）、2023年度に「垂水図書館」（面積約1,500㎡以上、蔵書数10万冊以上）、2026年度に「三宮図書館」（面積・蔵書数未定）の整備を予定している。

＊17 図書館流通センタープレスリリース「電子図書館サービス『LibrariE & TRC-DL』さらに進化　総務省推奨ガイドライン JIS 規格『AA』準拠『障害者差別解消法』を踏まえた Web アクセシビリティの強化」（2019年4月16日）
https://www.trc.co.jp/information/190416_trc.html（参照：2023-12-13）
＊18 神戸市中央区「多文化共生―外国人居住者が住みやすいまちづくり」
https://www.city.kobe.lg.jp/d49614/kuyakusho/chuoku/keikaku/tabunka/index.html（参照：2023-12-13）

　このように来館型図書館の新設や整備を図る一方で、非来館型サービスとしての電子図書館を拡充していくことは、すでに述べたように視覚障害者や定住外国人などの読書アクセシビリティを高めることに直結しているのである。

　以上の3点は、「紙」か「電子」かという二者択一ではなく、「紙」も「電子」も、そして「来館型」も「非来館型」も、という神戸市の図書館政策の特徴がよく表れているといえるだろう。

5　明石市立図書館

　兵庫県明石市には、「あかし市民図書館」と「明石市立西部図書館」の2つの図書館がある。「明石市立図書館」は1974年10月、兵庫県立図書館と同時に、しかも兵庫県立明石公園内に隣同士で開館したが、老朽化が進み、2017年1月27日にJR明石駅前再開発ビルに「あかし市民図書館」（面積約4,100㎡、蔵書冊数約40万冊）として移転・リニューアルオープンしている。一方、明石市立西部図書館は1999年11月11日に明石市立西部市民会館と併設され、開館している。

　電子図書館サービス「明石市電子図書館」は2015年10月1日より図書館流通センターが提供する「TRC-DL」が導入されている。

　明石市立西部図書館の阪本健太郎館長代理へのヒアリング調査は、（1）デジタル絵本制作ワークショップについて、（2）電子図書館における独自資料の制作、（3）課題解決型サービスとしての行政支援、（4）電子図書館と障害者サービス、多文化サービス、（5）来館型図書館の新しい展開と非来館型サービスの関係、（6）電子図書やデータベースの利用実態と電子資料を活用した将来的ビジョン、の6項目を中心に実施した。

　なお、ヒアリングは2021年3月22日（月）10:00〜11:00、明石市立西部図書館の会議室にて行った。

（1）デジタル絵本制作ワークショップについて

　2018年6月10日、「親子で作って楽しもう！デジタル絵本制作ワークショップ」があかし市民図書館において開催された。

　このワークショップはあかし市民図書館と筆者がその当時所属していた立命

館大学「電子出版活用型図書館プロジェクト」（研究代表者：湯浅俊彦）の共催で行われ、先着8組の親子が参加した。参加者の年齢構成は、4歳1名、5歳2名、7歳2名、9歳2名、10歳1名であり、それぞれの保護者が一緒に作るという会であった。

　あらかじめ「BookCreator」というデジタル絵本制作のアプリをインストールしたiPadを参加者に配布し、13時30分より講師の池下花恵相模女子大学メディア情報学科准教授によるデジタル絵本制作の説明、14時00分より親子で実際に制作、そして15時10分から制作した絵本の発表会を行い、2018年7月に「明石市電子図書館」に登録・公開されたのである。このとき、あかし市民図書館の担当者が阪本健太郎氏であった。

　ヒアリング調査によると、この2018年6月に親子が制作した絵本は、2019年11月末時点で262回、2021年3月9日時点で369回と、およそ2年の間に100回ほど電子図書館で閲覧されており、毎週1回誰かがアクセスしているくらいの閲覧頻度になっているという。

　その時に参加したご家族が継続的に閲覧しているのか。もしそうであれば、「明石市電子図書館」で公開されている限り、大きくなってからも思い出話になるたびにまた閲覧してもらえるだろう。あるいは、デジタル絵本制作ワークショップの参加者以外で、子どもたちが作った絵本に関心があるのかもしれない。ID・パスワードなしで閲覧できる独自資料なので、世界中の人々が閲覧できる。2018年6月10日の当日アンケートでは、「楽しかった」「またやってほしい」という声が多かった。

(2) 電子図書館における独自資料の制作

　「明石市電子図書館」の独自資料では、ほかにも図書館利用者からのグルメ情報を募集して掲載した『あかしおすすめグルメマップ―あかし市民図書館編』『あかしおすすめグルメマップ―明石市立西部図書館編』を制作し、地域資料関係では『広報あかし』をPDF化し、ログイン回数は多い。

　また、子どもたちの夏休みの宿題の手助けとして、小学生低学年、中学年、高学年、中学生と対象を分けて、パスファインダーを100くらいずつ電子図書で提供している。

　これまでは図書館で開催するイベントが多かったが、コロナ禍で開催できな

い。しかし、例えば本の装丁を作るいつも人気のイベントでは、その方法を動画配信によって自宅で学び、制作する際の材料は来館してもらって手渡しするなど工夫して実施できた。むしろ平日だと来られる人が限られ、若いお母さん世代が参加できなかったりするが、自宅でいつでも自由にできる非来館型のイベントを実施することによって、潜在的な参加者が発掘できたという。

　図書館に来たくても来られない利用者には、移動図書館車を巡回させアプローチしているが、これに加えて電子図書館をさらに充実させることで、インターネット環境を持つ市民に対しても広く、アプローチすることができる。

　新型コロナウイルス感染症が拡大する状況下、昨年は臨時休館もしたが、明石市電子図書館では蔵書数を100タイトルは増やした。

(3) 課題解決型サービスとしての行政支援

　紙媒体の行政資料に関しては、収集・所蔵しているが、各種行政資料の電子媒体に関しては電子図書館に所蔵していない。

(4) 電子図書館と障害者サービス、多文化サービス

　「明石市電子図書館」では、視覚障害者向け利用支援サイトを設け、スクリーンリーダーによる音声読み上げに対応している。また、所蔵している点字資料を来館しなくても利用できるように電子図書化している。この電子化された点字資料を使用できる登録者は20数人くらいである。ほかにもあかし市民図書館ではユニバーサルルームを作り、機材を展示して説明を行っている。また兵庫県の点字図書館と連携し、そこに来ていただいた方にはアプローチできている。

　多文化サービスに関しては、月に何度かは図書館カードを作りたいと海外の人が来訪するので、英語版利用案内を提供し、図書館ホームページは機械翻訳で、英語、中国語、韓国語に対応している。

(5) 来館型図書館の新しい展開と非来館型サービスの関係

　来館型が図書館サービスのベースではある。コロナ禍による臨時休館や、定期的な休館の際は、補填的な意味で電子図書館を用意している。両方使える人にとっては情報量が増えるが、図書館に来ることが困難な人にどのようにアプ

ローチするか、電子図書館を活用してもらうためにその存在をアピールすることが少し弱い。イベントと連動させるなど工夫する必要がある。

　電子図書館の統計は、ログイン回数などは分かるが、年齢や性別といった利用者属性は把握できない。したがって、どのようなアプローチができるのか、そもそも反響はどうなのか、といったことが分析できないことが課題である。コロナ禍の影響で非来館者が電子図書館を使ったことは分かるが、アクセス解析が出来ればもう少し利用を広げることも可能と考える。

(6) 電子図書やデータベースの利用実態と電子資料を活用した将来的ビジョン

　電子図書館サービスの利用は増加しており、既存の利用者の利用回数は増え、新規登録者も増えている。

　各種データベースは館内利用なので、増えているわけではない。館外で利用可能な VPN（Virtual Private Network）[19]ではないことが原因と考えられる。一方、国立国会図書館の図書館向けデジタル化資料送信サービスの利用は多い。明石市立西部図書館でも使えるようになって、ふだん図書館を使っていない人の利用が増えた。

　商用コンテンツとしての電子資料の活用に関しては、音声読み上げ機能のあるタイトルを増やすこと、また子ども向けの資料が少ないので増やしていくことを考えている。音絵本などユニバーサルな電子図書を増やしたい。タイトル数が増えれば増えるほど、電子図書はブラウジングができないので、利用者にとってはリコメンドのようなシステムが必要だろう。トップ画面の新着図書や特集展示を中心に借りられている現状に対して、なんらかのシステムが必要と考えられる。

　独自資料としての電子資料の活用に関しては、地域資料と図書館の成果物を発信しているが、これを充実させることが重要である。また独自資料についてもユニバーサル資料を増やすことが必要である。社会教育施設から作文集などの成果物を寄贈いただくことがあるが、電子図書館で公開したら、遠くにいる親戚も読むことができるだろう。学校連携の中でも成果物して使える。学校で

＊19 インターネット上に構築された仮想の組織内ネットワーク、その通信サービス。通信内容が暗号化されるなどセキュリティが確保され、遠隔地からもアクセスできる。
　　『現代用語の基礎知識2021』, JapanKnowledge, https://japanknowledge.com（参照 2023-12-13）

は現在、タブレットが配布されているので、電子図書館が使えることを知らせる図書館利用案内を子ども向けに制作したいと考えているという。

　以上の阪本健太郎館長代理へのヒアリング調査の結果から、次のことが明らかになった。

　第1に、デジタル絵本の制作ワークショップによる親子のデジタル絵本作品や利用者からの投稿を編纂した『あかしおすすめグルメマップ』など、電子図書の独自資料を図書館が制作し、電子図書館に登録・公開することによって、図書館が単なる「読書センター」ではなく、著作物をプロデュースする「出版センター」としての機能を展開していることである。

　このことは、これからの図書館スタッフに必要なスキルが図書の整理やレファレンスだけでなく、企画力や発信力が求められることを意味しているのである。

　第2に、新型コロナウイルス感染症拡大によって、来館型サービスとしてのイベントの開催が困難な状況下、動画配信によって自宅で体験してもらうイベントを実施するなど、インターネット環境を活用した図書館の新たな取り組みが試行されていることである。つまり、来館型サービスが非来館型サービスに転化することによって、潜在的な図書館利用者層を発掘し、図書館を利用してもらう可能性が拓けたのである。

　また、国立国会図書館の図書館向けデジタル化資料送信サービスや公共図書館が契約している商用データベースが自宅で活用できるようになれば、電子資料を使った非来館型の利用者サービスはさらに充実するだろう。デジタル化資料送信サービスは著作権法改正と補償金制度の検討によって、各家庭での利用が現実化しつつある。

　一方、商用データベースも大学図書館ではすでにVPN接続によって、大学生が自宅の学修において利用している。公共図書館による積極的な非来館型サービスへの取り組みによって、図書館情報資源を使いこなす市民が増えていくことが望ましいだろう。

　第3に、行政資料の電子図書化は公共図書館だけの取り組みとしては、きわめて困難であることが判明した。明石市の総合計画の中のそれぞれの基本計画に即して、さまざまな行政資料が電子図書化され、1つのポータルサイトで本

文検索が可能になっていれば、市民はきわめて簡便に必要とする情報を探し出すことができる。どのようにすれば、行政資料の網羅的な電子図書化が可能となるのか、今後の道筋を検討することが必要だろう。

第**3**節
来館型サービスとしての電子図書館の有効性

　札幌市、神戸市、明石市における現在の来館型サービスと非来館型サービスが市民に提供する利便性や価値について、それぞれの担当者へのヒアリング調査を行い、その結果、非来館型サービスである電子図書館サービスは、来館型サービスでもきわめて有効に機能しており、市民的価値の創出に関して新たな可能性を拓いていることが明らかになった。

　つまり、紙媒体の図書や雑誌などを中心とした図書館資料を収集、整理、保存し、利用者に対して館内閲覧や館外貸出を主たる業務として担ってきた公共図書館において、電子図書館サービスは非来館型サービスと考えられてきた。

　しかし、ヒアリングの結果、札幌市図書・情報館の事例のように「図書を貸し出さない図書館」において、札幌関係の商用電子書籍を市民が利用し、またレファレンスでよく使われる札幌関係の地域資料を独自資料として電子図書化し、図書館司書がレファレンスに使うなど、来館者向けに図書館内でもよく使われていることが判明した。

　また、あかし市民図書館の事例のように、デジタル絵本の制作ワークショップを行い、その成果物を発表し、電子図書館に登録・公開するなど、来館者サービスと非来館型サービスの両方を併せ持った、イベントとしての電子図書制作が行われていることが分かった。

　このような取り組みでは、既存の絵本などの商用電子書籍を購入し、利用者に提供するのではなく、図書館利用者がデジタル絵本を実際に制作し、それを発表し、電子図書館に格納され、その作品をほかの図書館利用者が閲覧する、という新しい生産、流通、利用、保存のサイクルが生まれている。つまり、公共図書館ではこれまで「本を読む」利用者が中心であったが、「本を作る」利

用者が現れ、いわば受動的利用者が能動的利用者に変化しているのである。

その一方で、札幌市、神戸市、明石市に共通していることは視覚障害を有する利用者や、日本語を母語としない定住外国人に対して、電子図書の音声読み上げ機能や多言語対応機能を活用して、新しい非来館型サービスを実践しようとしていることである。

各市の総合計画に沿ったこのような図書館政策は、電子図書館サービスを通して、市民的価値を高め、来館型サービスと非来館型サービスのバランスを考慮しながら、次世代が活躍する地域の発展につながるものであろう。

本稿は、すでに10ページに記したように科学研究費助成事業の研究課題「公共図書館の多様な活動を評価する統合的指標の開発」の分担研究「非来館型サービス」の観点から今後行う大規模な質的・量的調査を実施するための予備調査という位置づけである。

非来館型サービスとしての電子図書館サービスの評価基準を策定する上で、来館型サービスとしての電子図書館の有用性も考慮すべきであることが明らかになったといえよう。

第 2 章

図書館向け
電子図書館サービス

本章の内容

本章は、公共図書館向け電子図書館サービスを展開している民間企業にヒアリング調査し、考察を行うものである。

独自電子資料、障害者サービス、多文化サービス、ディスカバリーサービスなどについて、どのような電子図書館サービスを公共図書館に提供しているのか、そしてどのような効果が得られているのかを中心にヒアリング調査を行った。

その結果、電子図書館サービス事業者は2010年代に公共図書館向けの電子図書館サービスを開始し、紙媒体の図書館情報資源とは異なる様々な新しい図書館サービスが可能となったにもかかわらず、国内全体の導入は少しずつ進展する様相であったこと。それが、2020年代の新型コロナウイルス感染症拡大による公共図書館の休館、GIGA スクール構想による児童や生徒に1人1台のデバイスが普及し学校連携が進展したことを背景に、2020年から急速に電子図書館サービス導入館が増加したことが明らかになった。

今後は、商業出版物としての電子書籍の閲覧回数や貸出回数という数値だけでなく、独自電子資料を活用した図書館のプロデュース機能の進化なども期待できるだろう。

第1節 日本電子図書館サービス・紀伊國屋書店への ヒアリング調査

1 電子図書館サービス LibrariE の概要

　2022年12月14日、紀伊國屋書店本社（東京都目黒区）において、電子図書館サービス LibrariE を運営する日本電子図書館サービスの二俣富士雄氏（代表取締役社長）、新元公寛氏、紀伊國屋書店の簗瀬裕子氏（学術情報販売促進

写真1　紀伊國屋書店本社

写真2　ヒアリング調査風景

写真3　ヒアリング調査風景

写真4　左から新元公寛、二俣富士雄、湯浅、簗瀬裕子、吉田ゆり子各氏

本部 学校教育ICT推進部長）、吉田ゆり子氏（デジタル情報営業部課長）へのヒアリング調査を行った（写真1・2・3・4）。（所属は2022年12月時点）

日本電子図書館サービスは2013年10月、株式会社KADOKAWA、株式会社紀伊國屋書店、株式会社講談社が株主として会社を設立し、2014年10月から電子図書館サービスの実証実験を開始し、2015年4月にLibrariEをリリースしている。つまり、日本を代表する出版社と書店が初めて自らの手で図書館向けの電子図書館サービスを立ち上げたのである。

ヒアリング調査では、日本電子図書館サービスの設立と図書館向け電子図書館サービスを日本国内で開始した理由について、まず質問した。その回答は、海外の公共図書館市場で大きなシェアをもつ電子図書館事業が国内に進出してくることが分かり、公共図書館市場に対する電子図書館サービスを主導的に取り組む必要性を感じたことにあった。

すでに「第1章 電子図書館と滞在型図書館の関係 第1節 公共図書館における電子図書館サービスの現況 1. 感染症拡大と電子図書館」（p.8）に取り上げられているように、「オーバードライブ社のプラットフォームは米国・カナダの95％の公共図書館や多数の学校図書館で導入され4万3000館以上と契約している」のである。

大学図書館の世界ではすでに電子資料が導入されて久しいが、日本の公共図書館では電子図書館サービスの導入館はそれほど多くなかった。日本の出版業界における2000年のAmazon.comの進出、2012年の電子書籍端末「Kindle」の発売と電子コンテンツ販売サイト「Kindleストア」のオープンと同じような状況が、公共図書館界や学校図書館界に再現されるのではないかという危惧があったという。

日本電子図書館サービスが提供するLibrariEの導入図書館数は2022年12月時点で650館であり、そのうち大学図書館が153館、学校図書館165館、その他には、企業の福利厚生の一環として従業員に提供されているといった事例も含まれるという（2023年12月時点は合計699館で内訳は大学図書館162館、学校図書館173館、その他公共図書館・企業図書館など364館）。

「会社沿革」によれば、導入館数の経緯は2015年10月に山中湖情報創造館で初導入、2017年3月30館、2017年12月50館、2018年4月60館、2018年10月70館、2019年3月100館、2020年6月200館、2021年3月400館、2021年12月

500館に到達している（2022年12月時点、650館。2023年12月時点、699館）。

　一方、LibrariE に出版各社から提供されているタイトル数は、2022年12月時点で総計108,949タイトルとなっている。

　「会社沿革」によれば、2016年3月に電子書籍コンテンツが10,000点、2017年3月20,000点、2018年4月30,000点、2019年6月50,000点、2020年8月60,000点、そして2022年3月には90,000点を突破している（2023年12月時点、約14万点）。

2 独自電子資料

　一方、LibrariE では各出版社が提供する商業的な出版物とは異なる独自電子資料（ローカルコンテンツ）の搭載が可能であり、各図書館は独自の情報発信ポータルとして活用している。ヒアリング調査では、その制作タイトル数は契約しているすべての図書館の独自電子資料の合計で11万件を超えている（2022年12月時点）。

　紀伊國屋書店が提供している法人向けの学術和書電子図書館サービス KinoDen の総タイトル数が2022年12月時点で7万件であったことを考えると、いかに大きな数字かが分かるであろう。

　ヒアリング調査では参考までに KinoDen の話も聞かせていただいた。学術書を発行する日本の出版社のうち、電子書籍化すること自体がこれまでの中小零細出版社のワークフローにはいっていなかったため、きわめて手間がかかること、またそのコストを負担することが中小零細出版社にはやや困難であったため、タイトル数の伸びが少しずつであった。しかし、新型コロナウイルス感染症の拡大により、売上が上昇してくる状況に変わってきたことでタイトル数が大きく伸びてきたという。

3 障害者サービス

　LibrariE は視覚障害等を有する利用者サービスとして、音声読み上げ機能を実装している。ブラウザベースで提供しており、PDF ファイル（フィックス型）で読み上げ対応できていないものがあるため、11万件のタイトルのう

ち2万件くらいが読み上げ対応可能な現況である（2023年12月時点：14万点のうち5万7,000点が読み上げ対応可能）。出版社側はオーディオブックの替わりにされることもある。一方、小学館では代表取締役社長が読書アクセシビリティに関して深い理解があり、アクセシブル推進室が電子コンテンツを取り扱っている。

4 多文化サービス

多言語対応電子図書の現況については、LibrariE の場合は日本語が圧倒的に多く、英語は多読学習用に利用されており、スペイン語やポルトガル語などは提供タイトルにない。基本的には日本語インターフェースのみである。

ヒアリング調査では、次のような事例を聞くことができた。

紀伊國屋書店の担当者が、NPO法人学校図書館実践研究会から、ベトナム語の絵本を入手できないか聞かれたという。会の担当者は、厚木市の国際教室にベトナム人の子どもが通っているとのことで、英語でない言語の絵本が欲しいと考えたという話だ。

紀伊國屋書店が委託管理を行っている新宿区の大久保図書館では、サイン表示は韓国語だが、韓国語の図書は現時点ではそれほど多くはない。群馬県前橋市からは多言語対応として、日系ブラジル人の使うポルトガル語、そしてベトナム人が増えてきているのでベトナム語に関する問い合わせがあるという。

5 ディスカバリーサービス

ヒアリング調査では、大学図書館では採用されている「ディスカバリーサービス」を公共図書館にも導入し、電子図書館で提供しているタイトルについて本文検索が可能となり、新聞記事データベースや学会誌や大学紀要など外部の情報資源との統合検索をしたいという公共図書館があるか質問した。これに対しては、ディスカバリーサービスに関する引き合いは皆無であるとのことであった。ただ、静岡県立中央図書館が現在計画している新図書館では、ディスカバリーサービスを導入する話は出ているという。

6 来館型図書館サービスと電子図書館との関係

　来館者が電子図書館サービスを利用する事例についての質問への回答は次の通りである。

　熊本県荒尾市では、2022年4月に「あらおシティモール」2階に荒尾市立図書館を移転、新しく開館し、図書館の中心に「デジタルライブラリー」を開設した。そこには3種類の大型のデジタルディスプレイを壁面に設置、デジタルサービスを提供している。

　その1つ「デジタル万華鏡」では、画面に表示される書籍の表紙画像をタッチすると、書誌詳細とQRコードが表示され、スマホやタブレットで電子書籍が利用可能である。LibrariEとKinoDenを導入したとのことで、通常、電子図書館は館外で利用されることが多いが、この図書館では来館者を対象とした新しい利用法を開発、実践している。「デジタル万華鏡」「フォトギャラリーサイネージ」「電子ペーパーサイネージ」を来館者に知ってもらいたいという。

　ヒアリング調査の際に資料として示されたのが、出版業界紙『新文化』2022年6月16日付記事であった。

　そこには2022年に開館した荒尾市立図書館について、次のような記述がある[1]。

　「荒尾市立図書館は4月1日、あらおシティモール2階に県内最大級となる1,000坪の床面積で、あらおCM［シティーモール＝筆者注］店と隣接して開館。蔵書約10万5,000冊、電子書籍約7,000点、座席数250席を有する」とある。そして、2022年4月からの数字が示されていた。「4月期の貸出冊数は、電子書籍を含めて約2万6,300冊。昨年同月で約7,300冊だったことから4倍弱。」

　一方、紀伊國屋書店あらおCM店については、「4月期の売上げは、3月比でおよそ34％増」と入居する商業施設約3,300㎡の同じフロアに図書館と書店が併設し、双方が活性化するショッピングセンターの新しいスタイルを生み出している（2022年9月に「ゆめタウンシティモール」に名称変更）。

　この荒尾市の「図書館＋書店」プロジェクトについては、ヒアリング調査の

---

[1] 「紀伊國屋書店・荒尾市・荒尾シティプラン3者連携　熊本・荒尾市立図書館が活況呈す―『図書館＋書店』の効果顕著に」『新文化』2022年6月16日付3420号1面。

際にほかにも資料として『人文会ニュース』140号に「荒尾市　図書館＋書店プロジェクト、地域の活性化と本の力」（藤戸克己・花田吉隆）に詳しく紹介されている[2]。

このような事例は、電子図書館が必ずしも非来館型サービスだけではないことを的確に示していると考えられる。

7 学校図書館連携

ヒアリング調査では、LibrariEを導入している60以上の自治体が学校連携を積極的に行っていることが明らかになった。LibrariEが取り組んでいる、同時複数アクセスが可能な「期間内読み放題」のパッケージ商品（筆者注：2023年4月現在、11出版社23種類）が、小中高校での「朝の読書」など同時複数利用のニーズと親和性が高いからと考えられる。

ヒアリング調査でも、東大阪市が電子書籍4万7,000冊を市内の小中学生に提供し、文部科学省が学校連携を推進していることが話題となった。

2022年8月2日付で文部科学省総合教育政策局地域学習推進課長と文部科学省初等中等教育局学校デジタル化プロジェクトチームリーダー連名の「事務連絡」として全国の図書館関係者と教育関係者に一斉に通知された「1人1台端末環境下における学校図書館の積極的な活用及び公立図書館の電子書籍貸出サービスとの連携について」に以下のような取り組み事例が推奨されていたものである[3]。

---

[2]　藤戸克己・花田吉隆「荒尾市 図書館＋書店プロジェクト、地域の活性化と本の力」『人文会ニュース』140号、2022年4月、p.22-p.36.

[3]　文部科学省「1人1台端末環境下における学校図書館の積極的な活用及び公立図書館の電子書籍貸出サービスとの連携について」（2022年8月2日付事務連絡）
発信：
文部科学省総合教育政策局地域学習推進課長
文部科学省初等中等教育局学校デジタル化プロジェクトチームリーダー
宛先：
各都道府県・指定都市図書館・学校図書館担当課長
各都道府県・指定都市教育委員会指導事務担当課長
各都道府県私立学校主管部課長
附属学校を置く各国公立大学法人附属学校事務主管課長
構造改革特別区域法第12条第1項の認定を受けた各地方公共団体株式会社立学校事務主管課長

児童生徒に公立図書館の電子書籍貸出サービスの ID を発行している事例
●大阪府東大阪市「ひがしおおさか電子図書館」

　東大阪市では市立図書館と連携して、令和3年6月24日より、「ひがしおおさか電子図書館」の専用IDを市内小中学校・高等学校の児童生徒に付与しました。蔵書数は、約4万7千点（うち、児童書約7,700点）【令和4年3月末現在】。

　児童生徒は市で配布されている iPad のホーム画面に設置されたアイコンから簡単にアクセスすることができ、朝の読書活動などにおいて、紙媒体の本に併せて「ひがしおおさか電子図書館」の本も自ら選んで読んでいます。令和4年度からは同時に利用する人数に制限のない「読み放題」の本も提供され、活用の幅が広がりました。

　ある児童は、「紙の本は探すのに時間がかかるけど、電子図書館は探すのが簡単。本を耳で聞けるのは印象に残った。もっと本が読みたくなった。」との感想を述べており、読書習慣の定着に寄与していることがうかがえます。（東大阪市教育委員会）

　ヒアリング調査では、ほかにも自治体としての取り組み度合いに関してはかなり濃淡があることが話題になった。公共図書館の学校連携については教育委員会とやりとりしながら、読書センターだけではなく、情報センター、学習センターの機能を強化する必要があるだろうという。ただ、公共図書館に電子書籍が入れば解決ではないが、地域学習は進めやすくなるだろう。

　連携しているところも揺り戻しが来ている事例もある。公共図書館に依存して、学校自身が自立しないこともありうるという。東大阪市のように国からの臨時交付金がなくなっても、自治体予算でやっていくところもある。

　公共図書館と学校図書館とが連携している事例、自治体と地元書店が協力しあう事例、また電子図書館の利用度合いといったものが複雑に関係しており、一般化することが困難と思われるという。

第2節 大日本印刷・図書館流通センターへのヒアリング調査

1 電子図書館 TRC-DL の概要

2022年12月14日、大日本印刷株式会社本社（東京都新宿区）において、ヒアリング調査を行った

対応していただいたのは、電子図書館サービス LibrariE & TRC-DL を運営する図書館流通センターの金子哲弥氏（電子図書館推進部長）、サポートする大日本印刷の花田一郎氏（出版イノベーション事業部 honto ビジネスセンター 丸善 CHI 連携チーム）、原平充氏（honto ビジネスセンター 丸善 CHI 連携チームサブリーダー）、眞瀬智子氏（honto ビジネスセンター 丸善 CHI 連携チーム）4名の方々である（写真5・6）。

この調査結果は、大日本印刷（以降、DNP と表記）と図書館流通センター（以降、TRC と表記）の両者が回答したものである。

写真5　左手前：花田一郎氏、右手前：原平充氏、右奥：金子哲弥氏

写真6　右手前から原平充、金子哲弥、矢口勝彦各氏

電子図書館サービス TRC-DL のプレスリリースは「第12回図書館総合展2010」にて行われ、2011年1月8日、大阪府の堺市立図書館で運用が開始された。

公共図書館向けサービス開始の理由についてのインタビュー質問に対して、DNP と TRC が協業化した時に、図書館向け紙の本の提供だけでなく電子図書も提供していく必要があり、丸善 CHI グループが掲げていたのが、知のサイクル、読者へのフィードバックを新たな出版につなげていくことであり、それが公共図書館向け電子書籍貸出サービスの展開につながったという。

また、2016年10月31日、「大日本印刷と図書館流通センター、日本電子図書館サービスと資本提携」がプレスリリースされ[*4]、2019年11月1日、TRC・DNP が運営する電子図書館サービス TRC-DL は、日本電子図書館サービス（JDLS）が運営する LibrariE と統合され、「LibrariE & TRC-DL」となった。

2022年12月現在の導入図書館数とそのうちの公共図書館数については、「LibrariE & TRC-DL」として「TRC-DL」だけの統計数字ではなくなっている。

また、一般向けのいわゆる「レイアウト版サイト」と異なるスクリーンリーダーによる音声読み上げに対応したテキスト版サイトである「視覚障害者向け利用支援サイト」のログイン回数は把握していないという。

つまりテキスト版サイトの「ページビュー」は記録されるが、統計としては集計していない。ただ、今後は社会にデータを還元していきたいと考えているとのことである。いわゆるビッグデータをグロスでは取っており、貸出冊数と閲覧回数は分けて集計している。しかし、商業タイトルと独自電子資料は分けていない。

一方、貸出冊数の3倍くらい閲覧回数があることが分かっており、1回貸出について何回読まれているのかには関心があるが、閲覧時間は集計していない。

国内発行提供タイトル数は、2022年12月時点で総計118,000点となっているという（2023年12月1日時点では、総計142,000点）。

＊4　大日本印刷「大日本印刷と図書館流通センター、日本電子図書館サービスと資本提携」（2016年10月31日プレスリリース）https://www.dnp.co.jp/news/detail/1187676_1587.html（参照：2024-01-05）

2 独自電子資料

　ヒアリング調査では、公共図書館で TRC-DL を導入している 305 自治体の
うち、1 タイトル以上の独自電子資料（ローカルコンテンツ）を制作している
ところは 179 自治体であり、総タイトル数は約 4,400 タイトルであるという。
現在の契約では、独自電子資料用の容量は 10 ギガバイトまでは自動的に使え
るように設計されているが、使っていない比率などはデータ上把握できていな
い。また、各図書館が自由に制作できるため、ジャンルの分布も把握していな
いということであった。

3 障害者サービス

　2014 年 4 月から方針を立て、2014 年 10 月から TRC-DL において障害者向け
音声読み上げ機能付き電子書籍貸出サービスについての検討を開始している。
そして、2016 年 4 月施行の「障害を理由とする差別の解消の推進に関する法律
（略称：「障害者差別解消法」）に向けて、筆者が当時在籍していた立命館大学
と大日本印刷、図書館流通センター、日本ユニシス（現・BIPROGY）、ボイジ
ャーと共に取り組んだ共同研究「音声読み上げ機能を活用した公共図書館にお
ける電子書籍貸出サービス」により、2016 年 4 月から日本国内で初めて兵庫県
の三田市立図書館で実装化されたものである。
　音声読み上げ機能付き電子書籍貸出サービスの導入数は、2022 年 12 月時点
では導入している 308 自治体のうち 291 自治体であるという（2023 年 12 月 1 日
時点では、導入している 350 自治体のうち 333 自治体）。
　なお、ヒアリング調査後の 2023 年 9 月 25 日時点で確認したところ、LibrariE
& TRC-DL の総計 138,000 タイトルのうち、音声読み上げ対応可能なのは
26,000 タイトルであるが、2023 年 12 月末まで約 31,000 タイトルが新たに対応
可能予定で、音声読み上げ対応可能なタイトルは累計で約 57,000 タイトル（リ
フロータイプ・タイトルの約 70%）となる予定である。
　また、電子書籍提供自体が肢体不自由な人にも有効とされ、販売促進が行わ
れているとのことである。

4 多文化サービス

ヒアリング調査では、電子書籍を活用した多文化サービスについて現況を質問した。すると、「LibrariE & TRC-DL」が2018年10月24日にプレスリリースした「ビブリオテカ社と提携し洋書タイトル大幅拡充」を挙げ、その提携しているビブリオテカ社（海外の178万点のコンテンツを提供）の洋書タイトルについて、自治体数では23自治体で最大規模は大阪府吹田市の10,800タイトルの電子書籍の契約があったという。

また TRC-DL のサイト自体が、ポルトガル語、スペイン語、ハングル、繁体字、簡体字、日本語、英語の7か国語対応（プルダウンメニューで自動翻訳できるようになっている）していることも日本語を母語としない定住外国人にとっては役立つ機能であろう。

ただ、洋書タイトルの利用数などの集計はしておらず、利用実態までは分からないという。

5 ディスカバリーサービス

2018年6月1日付図書館流通センターのプレスリリース「立命館大学、図書館流通センター、EBSCO−公共図書館におけるディスカバリーサービスの運用を長崎市立図書館で開始」にあるように、日本国内で初めてディスカバリーサービスが公共図書館に導入された。第1号は長崎市立図書館で2018年4月2日よりその運用を開始している[5]。

ヒアリング調査では、長崎市立図書館は2020年度まででディスカバリーサービスの提供を中止していた[6]。

6 来館型図書館サービスと電子図書館との関係について

ヒアリング調査によれば、来館者が電子図書館サービスを利用する事例とし

---

[5] 図書館流通センタープレスリリース「立命館大学、図書館流通センター、EBSCO −公共図書館におけるディスカバリーサービスの運用を長崎市立図書館で開始」（2018年6月1日）
https://www.trc.co.jp/information/180601_trc_rte.html（参照：2024-01-04）

ては、徳島市立図書館、札幌市立図書館、東京都立図書館が挙げられていた。

　また、2022年4月1日に正式リリースした「TRC-DLマガジン」は公共図書館における電子雑誌コンテンツをサブスクリプションモデル（定額読み放題）で利用できるサービスであり、雑誌181タイトル（2023年11月末現在）だけでなく、そのバックナンバーが増えていくことになる181タイトル×バックナンバー分のコンテンツ（約3,400冊）が利用可能になるという。

　また来館型サービスとしては、雑誌の最新号は図書館内のみの閲覧である。このサービスはたいへん評判がよく、「LibrariE & TRC-DL」を導入している350自治体のうち95自治体が契約している（2023年11月末現在）。

　一方、非来館型サービスとしての電子図書館の位置づけについては、利用者アンケートの中に電子図書館に関するアンケートがないことが多いため、分からないという。

　例えば、2人目の子どもできたので図書館に行きにくくなった。そこで電子図書館は便利であるといった声がつかめていないのが現状であるという。

7 利用者登録数の問題

　ヒアリング調査ではその他の事項として、利用登録者数というのがグレイゾーンで、そのルールは図書館によってまちまちである。つまり、図書館の評価指標そのものが整合性のないものになる可能性があるという点が指摘された。

＊6　長崎市立図書館が2020年度をもってディスカバリーサービスを終了した要因として、大阪府立図書館　紙・電子媒体資料統合提供調査チーム『紙・電子媒体資料統合提供調査（令和元年度〜4年度）報告』（大阪府立図書館、2023年3月）に次のような記述がある。

　レファレンスの増強をめざして2018（平成30）年度にEBSCO Discovery Serviceを導入。複数の商用データベースを検索対象に含めている。導入したことで、利用が増えたデータベースもある。また日本語の資料が少ない、外国から入ってきて間もないようなキーワード（例えば「マイクロプラスチック」等）の調査にも役立つ。専門的な調査を行う利用者が多い図書館には役に立つサービスである。館内で一番利用の多い地域の新聞が、オンラインデータベースを提供していないためWSD [Web Scale Discovery、ウェブスケールディスカバリー＝引用者注] と連携できなかったこと、力を入れている医療情報サービスに関係するデータベースが思ったほど使われていないこと等もあり、次年度の事業計画を立てるなかで見直しを検討しているとのことだった（2020（令和2）年度までで事業終了）。

第 3 章
電子図書館サービスの可能性

本章の内容

本章は、公共図書館がデジタル・ネットワーク社会の進展に応じた電子資料の導入にきわめて消極的であったことを示すいくつかの事例を検討した。

すなわち、第1に紙媒体では刊行されなくなった電子資料の収集、保存の問題、第2に国立国会図書館による所蔵資料の大規模デジタル化と図書館向けデジタル化資料送信サービスの進展の中での公共図書館の位置づけの問題、第3に「読書バリアフリー法」に規定された「アクセシブルな電子書籍」の提供をめぐる公共図書館の問題である。

電子図書館サービスを導入することによって得られる利用者の様々な価値についての判断を保留したまま、紙媒体の図書館資料は自明のこととして収集、所蔵、提供する。

そして電子書籍、電子雑誌、データベースといった電子資料としての図書館情報資源については、予算や人材不足などを理由に導入しないという公共図書館の問題をこの章では検討、考察を行った。

第1節 公共図書館の
電子資料に対する
閉鎖性

1 電子図書館サービス導入に消極的な公共図書館

　日本の公共図書館が、電子書籍貸出サービスや国立国会図書館が提供するデジタル化資料送信サービスなどの電子図書館サービスを、利用者に提供することに積極的ではないのはじつに不思議なことである。

(1) 出版業界が取り組んでいる電子書籍の配信サービスをいち早く公共図書館の新しい貸出機能として取り入れ、視覚障害、発達障害、四肢障害などにより紙媒体での利用が困難な市民のために音声読み上げ機能付き電子書籍貸出サービスを提供すること。

(2) それだけに留まらず、レファレンスサービスに電子書籍の全文検索機能を活用し、その高度化を図ること。

(3) また、国立国会図書館がその実現に向けて真摯に取り組み、著作権法改正を経て、ようやく2014年1月から開始した「図書館向けデジタル化資料送信サービス」の参加館に登録し、公共図書館の利用者にその利用を促すこと。

(4) さらに、国立国会図書館が2022年5月に提供を始めた「個人向けデジタル化資料送信サービス」を、市民に対しその利用を積極的に推奨すること。

　以上4点に関して、まるで自分たちの仕事ではないと考えているように見える。

　つまり、ほとんどの公共図書館ははじめからそれらを自分たちの領域ではないと考えているか、あるいは予算も人員も手当てできないことを最大の理由にして、利用者への提供を行っていないのである。

　もっとも問題なのは、利用者のためには紙媒体の資料提供で十分だと考えてしまう次のような意見が、公共図書館現場の気分を支配することであった*1。

　　（略）いま、市民にとっての図書館が、電子書籍の「貸出」サービスに努めるべきとはおもっていない。デジタルテクノロジーの進歩に対応することと、市民に身近な図書館の目的と機能を充実発展さすこととは、かならずしも合致するとはいえない。（略）状況に左右されず、あえて「時代遅れ」の「活字文化を大切にする図書館」を鋭く意識していくことこそが、市民を強く惹きつける力になるのではないか。

　この記事の文章を書いたのは日本図書館協会が刊行する「JLA図書館情報学テキストシリーズ」の『図書館情報資源概論』の著者である*2。

　図書館法の改正により2012年度から図書館司書資格科目の改定が行われ、これまでの「図書館資料論」は「図書館情報資源概論」となり、「印刷資料・非印刷資料・電子資料とネットワーク情報資源からなる図書館情報資源について、類型と特質、歴史、生産、流通、選択、収集、保存、図書館業務に必要な情報資源に関する知識等の基本を解説する」ことが新たに要請された*3。

　つまり、図書館員に求められるスキルもネットワーク情報資源の取り扱い全般に及び、図書館は「情報」を取り扱う施設という大きな変化があったのである。

　それにもかかわらず「電子書籍の『貸出』サービスに努めるべきとはおもっていない」と日本図書館協会のテキストシリーズの著者が主張していることは興味深い。

　図書館の利用者が電子書籍を否定的にとらえるのではなく、図書館情報学を専攻する大学教員が「図書館＝紙の図書の館」と位置づけていることを物語っていたように思える。

＊1　馬場俊明「市民にとって図書館とは—"滋賀の図書館"が大切にしてきたもの」『出版ニュース』2011年4月下旬号、p.12.
＊2　馬場俊明編著『図書館情報資源概論　新訂版』JLA図書館情報学テキストシリーズ Ⅲ 8、日本図書館協会、2018年.
＊3　文部科学省「司書資格取得のために大学において履修すべき図書館に関する科目一覧」（2021年2月3日）https://www.mext.go.jp/content/20210203-mxt_kyoikujinzai02-000012420-6.pdf（参照：2024-01-05）

　この文章が『出版ニュース』に掲載されたのは2011年4月である。

　文部科学省が「これからの図書館の在り方検討協力者会議」による提言として、報告書「これからの図書館像—地域を支える情報拠点をめざして—」を公表したのは2006年4月であり、そこに示された公共図書館の今後の方向性としての「図書館のハイブリッド化—印刷資料とインターネット等を組み合わせた高度な情報提供」は、5年経ってもまったく無視されたままであったことがよく分かる[*4]。

　それにしても、なぜ日本の図書館ではこのように「電子」と「紙」が対比的にとらえられ、「活字文化」を守るために「電子資料」が否定されるという構図になりがちなのであろうか。

2　「図書館向けデジタル化資料送信サービス」の歴史的経緯

　筆者は2010年12月17日、文部科学省旧庁舎6階講堂で開催された第2回「電子書籍の流通と利用の円滑化に関する検討会議」（文化庁）の場で、公共図書館における電子書籍活用の必要性について「公共図書館における電子書籍の利

写真1　第2回「電子書籍の流通と利用の円滑化に関する検討会議」会場風景
（文部科学省旧庁舎8階講堂、2010年12月17日 筆者撮影）

*4　文部科学省「これからの図書館像」
　　https://www.mext.go.jp/a_menu/shougai/tosho/giron/05080301/001/002.htm（参照：2024-01-05）

用の現状と課題」という発表を行った（**写真1**）。

　この席は「デジタル・ネットワーク社会における図書館と公共サービスの在り方」について、図書館関係者からヒアリングするという趣旨で設定され、「国立国会図書館の取組について」（国立国会図書館・田中久徳総務部企画課長［肩書は当時］）、「公共図書館の取組について」（筆者）、「学術関連情報の配信について」（武蔵野大学・小西和信教授［肩書は当時］）をテーマに3つの発表が行われた。

　この時、筆者は具体的事例として、2007年に亡くなった作家の小田実の全集が2010年6月からPCとiPhone向け電子書籍として全82巻で講談社から刊行が始まった事例を挙げ、図書館における電子書籍貸出サービス導入の必要性を指摘した。

　『小田実全集』は紙版（オンデマンド出版）が税込31万7,415円なのに対して、電子版が税込7万8,750円と4倍以上の価格差がある。さらに今後、紙版が発行されない、いわゆる「ボーン・デジタル出版物」の増加が見込まれるため図書館はこれに対応する必要がある、といったこれからの公共図書館と電子資料の関係を説明したのである。

　実際、電子書籍は紙媒体ではないから図書館では購入しないということになれば、デジタル・ネットワーク社会において、公共図書館は新たな出版コンテンツを収集できなくなることは明らかであろう。紙の本という、いわば情報が搭載されたコンテナーを所蔵する機能ももちろん重要だが、利活用されるべきコンテンツのプロバイダーとしての公共図書館像を新たに創出することが必要であると提言したのである。

　この検討会議は、その後、討議を重ね、2011年8月26日にまとめ（案）が示された。

　それは以下の3つの内容、条件が法令等によって適切に担保されるのであれば、国立国会図書館が所蔵する資料を図書館向けに送信するサービスの実施にあたり、著作権法の権利制限規定の創設により対応することが適当であると考えられるというものであった*5。

---

*5 「電子書籍の流通と利用の円滑化に関する検討会議」（「デジタル・ネットワーク社会における図書館と公共サービスの在り方に関する事項」に関する議論の整理〈案〉https://www.bunka.go.jp/seisaku/bunkashingikai/kondankaito/denshishoseki/07/pdf/shiryo_1.pdf（参照：2024-01-05）

(1)「送信先の限定」（公立図書館、大学図書館）
(2)「送信データの利用方法の制限」（プリントアウト不可）
(3)「対象出版物の限定」（市場における入手が困難な出版物等）

　これを受けて2012年6月20日、参議院本会議において「著作権法の一部を改正する法律案」が賛成多数で可決、成立した。これにより国立国会図書館による絶版等資料（絶版等の理由により一般に入手することが困難な資料）の図書館等への自動公衆送信により提供することが可能になった。

　しかも、国立国会図書館から送信を受けた図書館等では、現行の著作権法第31条第1項第1号による複製に準じて複製を行うことが可能になった。まとめ（案）ではプリントアウト不可としていたのを、絶版であればプリントも可としたのである。

　つまり、著作権法31条第1項では「国立国会図書館及び図書、記録その他の資料を公衆の利用に供することを目的とする図書館その他の施設で政令で定めるもの（以下この項及び第三項において「図書館等」という。）においては、次に掲げる場合には、その営利を目的としない事業として、図書館等の図書、記録その他の資料（以下この条において「図書館資料」という。）を用いて著作物を複製することができる」としており、その第1号に「図書館等の利用者の求めに応じ、その調査研究の用に供するために、公表された著作物の一部分（発行後相当期間を経過した定期刊行物に掲載された個々の著作物にあっては、その全部。第三項において同じ。）の複製物を一人につき一部提供する場合」と規定している[6]。

　これは「電子書籍の流通と利用の円滑化に関する検討会議」において、デジタル化された国立国会図書館の所蔵資料を公共図書館と大学図書館において、次のような観点から、積極的な利用が求められるという結論が出されたからである[7]。

　「地域の公立図書館については、社会教育上重要な機能を有する施設であり、

＊6　「著作権法」https://elaws.e-gov.go.jp/document?lawid=345AC0000000048（参照：2024-01-05）
＊7　電子書籍の流通と利用の円滑化に関する検討会議『電子書籍の流通と利用の円滑化に関する検討会議報告』（2011年12月21日）p.8
　　http://www.bunka.go.jp/seisaku/bunkashingikai/kondankaito/denshishoseki/pdf/houkoku.pdf（参照：2024-01-05)

情報管理に係る一定の体制が整備されていることや、誰もが無料で図書館を利用することが可能であることから、当該図書館を国民のアクセスポイントとして設定することは有益であると考えられる。この点、公立図書館が設置されていない自治体が一定程度存在するなどの問題はありながらも、国民の『知のアクセス』の向上、情報アクセスに係る地域間格差の解消につながる点において意義深いものである。」

「また、大学図書館のような教育・研究機関の図書館については、例えば、日本古典文学を研究する学生等が大学の図書館で、国会図書館にしか所蔵されていない希少な出版物を用いた研究が可能となるなどその利点は大きく、送信サービスの受け手として考えられるべきである。さらに、高校生等による探求型学習等における送信サービスの利用が想定されることから、学校図書館についても対象とすべきではないかとの意見があった。」

利用者からすれば、これまで国立国会図書館東京本館、関西館、国際子ども図書館の施設内での利用に限られていたデジタル化資料を、最寄りの公共図書館や自分が所属する大学の図書館で利用できるようになる。2014年1月21日のサービス開始時点で約131万点の資料が利用可能となった。

この検討会議では図書館関係の委員として糸賀雅児委員(慶應義塾大学文学部教授[肩書は当時])や常世田良委員(日本図書館協会事務局次長[肩書は当時])の努力により日本書籍出版協会、デジタルマンガ協会、日本写真著作権協会、日本文藝家協会などの権利者の理解と協力を得ながら進められ、大きな成果を得たものであり、まさに公共図書館を通して国民に活用されるべきものであった。

ところが2014年1月のサービス開始から1年5カ月を経過した2015年6月24日時点になっても、公共図書館の参加館は182館、公共図書館全体の5.6%の参加しか実現していなかったのである。

このサービス開始から9年目の2023年12月時点、公共図書館の参加館は全国で566館増えて748館、23.6%と2割強にはなったが、未だ参加していない館が76.4%と7割強と依然多数派を占めるのである。

国民の税金によって所蔵資料の大規模デジタル化を行った日本で唯一の国立図書館の送信サービスに参加しない公共図書館は、この資料を必要とする利用者にとっては何の役にも立たない図書館ということになる。

3 「時期尚早論」から生まれる「図書館不要論」

そして公共図書館の世界では、現在、流通している電子書籍等の電子資料を閲覧・貸出するサービスは時期尚早ではないかという主張がしばしばなされる。

例えば小平市図書館協議会は2013年3月、電子書籍の導入は時期尚早という結論を出したが、その報告書「公共図書館における電子書籍利用をめぐって」（2013年3月31日）の「6. おわりに」の中で次のようにその理由を説明している[8]。

> 図書館の利用者が全て電子書籍の利用、図書館環境の機械化を望んでいるか、パソコンに慣れているか、と言えば、そうではない。利用者には、乳児から幼児、小学生も、高年齢の方も、パソコン操作が苦手な方も、身体的にパソコン操作が難しい方、操作が禁止されている方もおられる。図書館が公共のものであるなら、すべての方への配慮は必要不可欠である。図書館は、図書館本来の役目＝資料の収集・保存・提供・レファレンス＝の充実を図ることが第一の役割であることを忘れてはならない。
>
> 「電子書籍への対応」について、早急に結論を出す必要はないと思われるが、今後とも公共図書館における電子書籍の取り扱いについて、国内外の情報収集と分析が課題となると思われる。

報告書末尾のこの部分の文章は、きわめて不可解な印象を読む者に与えるのだが、その理由は以下の4点にあると考えられる。

第1に、この文章では「図書館の利用者が全て」望まなければ、また「パソコンに慣れて」いなければ、電子書籍の利用や図書館環境の機械化は行ってはならないように読める。

しかし、図書館の利用者のうち、視覚障害者だけを取り上げても、電子書籍サービスが図書館に導入され、音声読み上げができるようになることは、まさに待ち望んでいる状況であり、「利用者全て」が望まなければ導入しないとい

＊8 小平市図書館協議会『公共図書館における電子書籍利用をめぐって』p.11、2013年3月31日
https://library.kodaira.ed.jp/lib/files/la_proposal_h23-24.pdf（参照：2024-01-05）

う判断は、誤っていると言わざるをえない。自らも全盲であり、内閣府障害者政策委員会の委員長を当時つとめていた石川准・静岡県立大学教授は「視覚による読書に困難のある人々にとって電子書籍は読書する自由を実現してくれるかもしれない期待の星」であると、この報告書が公表される前年の2012年に書いている[9]。

　小平市図書館協議会の報告書にある「図書館の利用者が全て電子書籍の利用、図書館環境の機械化を望んで」いなければ導入しないような報告書のレトリックは理解に苦しむ。

　第2に、図書館の利用者にはパソコン操作が困難であろうと想定される「乳児から幼児」「小学生」「高齢の方」と、「パソコン操作が苦手な方」「身体的にパソコン操作が難しい方」「パソコン操作が禁止されている方」がいるので、電子書籍の利用や図書館環境の機械化は行ってはならないように読める。

　しかし、図書館利用者のうち「乳児から幼児」「小学生」「高齢の方」と「パソコン操作が苦手な方」「身体的にパソコン操作が難しい方」「パソコン操作が禁止されている方」を一括りにして、そういう利用者がいるので電子書籍を導入すると公平性に欠けるというのはじつに奇妙な論理である。

　この考え方では、図書館には2013年当時は一般的であったCD-ROMによる新聞記事検索や、インターネットが閲覧できるパソコン端末を置くことさえできないのではないだろうか。

　また「乳児から幼児」「小学生」「高齢の方」は電子環境に不慣れと報告書では決めつけているように思えるが、乳幼児からiPhoneやiPadの画面をタップやスワイプして動画サイトを眺め、小学生ともなればタブレット端末を使った通信教育を利用し、公共図書館の電子書籍サービスが始まれば真っ先に利用するのはむしろ高齢者で、視覚に障害のある人たちがパソコンのスクリーンリーダー機能で「本」を聴いている実態が、まったく理解できていないとしか言いようがない。

　2008年7月に日本で発売されたスマートフォンiPhone3Gには、これまでの携帯電話と異なり、キーパッドではなくタッチパネルを採用していた。そして、

---

[9]　石川准「アクセシビリティの視点から電子書籍の圧倒的成功を望む」『出版ニュース』2286号、2012、p.4

2010年5月に日本国内で発売されたiPadはタッチパネルを用いたモバイルに特化したOSが使われており、直感的なインターフェースとインターネットの通信機能によって急速に利用者を増やすことになったのである[10]。

第3に、「図書館本来の役目＝資料の収集・保存・提供・レファレンス＝の充実」という時の「資料」に「電子資料」は入っていないのかという疑問を感じる。

大学図書館だけでなく、公共図書館のレファレンスサービスにしても法情報や健康・医療情報などについては、冊子体の資料だけでは最新情報にアクセスできないため、むしろ積極的に電子資料を活用することが一般化している。また作家の個人全集が電子版でしか刊行されない時代に、電子書籍を利用者に提供しないのであれば、逆に「図書館本来の役目」である、資料の収集・保存・提供・レファレンスの充実を図っていないことになるのではないのだろうか。

第4に、電子書籍への対応について、「早急に結論を出す必要はないと思われる」と、特に根拠を示さず、結論づけている。

ここでは、早急な対応を待つ利用者がいることが忘れられているように思える。例えば、芥川賞や直木賞の受賞発表があり、いま話題になっている受賞作品を読みたいと視覚障害者が思っても、対面朗読ではボランティアの都合に合わせる必要があり、録音図書、点字図書、サピエ図書館などでは提供されるまでに相当日数、例えば半年待たなければならないのである。

電子書籍の音声読み上げ機能により最新の図書を聴くことができればと電子書籍を待ち望んでいる視覚障害者に対して、「早急に結論を出す必要はないと思われる」とはたして言えるのであろうか。

いずれにせよ、小平市図書館協議会の報告書は電子資料としての電子書籍を利用者から遠ざけることによって、図書館の公共性が担保できるかのような奇妙な報告書であると言わざるをえない。書店や図書館に足を運ぶのではなく、まず「検索」という現在の利用者の情報行動の変化が読めないだけでなく、デジタル・ネットワーク社会におけるICT技術を活用した知識情報基盤の変化

＊10 湯浅俊彦『電子出版学概論』出版メディアパル、2020、p.61.

が理解できなければ、公共図書館は時間が止まった「正倉院」となるしかない。

　図書館における電子書籍サービス導入の「時期尚早論」は、図書館以外のプラットフォームによる電子書籍サービスにこれまでの図書館利用者を向かわせ、「図書館不要論」につながっていく可能性があるだろう。

第2節

読書アクセシビリティの観点から見た図書館の障害者サービス

1 市川沙央著『ハンチバック』の痛烈な批判

　小平市図書館協議会の報告書の公表からちょうど10年を経た2023年、第68回芥川賞を受賞した市川沙央氏はその受賞作『ハンチバック』において、紙の本を絶対視し、電子書籍を嫌う日本における「人文学的知」に対して、つぎのような痛烈な批判を行っている[11]。

　　私は紙の本を憎んでいた。目が見えること、本が持てること、ページがめくれること、読書姿勢が保てること、書店へ自由に買いに行けること、——5つの健常性を満たすことを要求する読書文化のマチズモを憎んでいた。その特権性に気づかない「本好き」たちの無知な傲慢さを憎んでいた。（p.27）

　　アメリカの大学ではADAに基づき、電子教科書が普及済みどころか、箱から出して視覚障害者がすぐ使える仕様の端末（リーダー）でなければ配布物として採用されない。日本では社会に障害者はいないことになっているのでそんなアグレッシブな配慮はない。本に苦しむせむし（ハンチバック）の怪物の姿など日本の健常者は想像もしたことがないのだろう。こちらは紙の本を1冊読むたび少しずつ背骨が潰れていく気がするというのに、紙の匂いが好き、とかページをめくる感触が好き、などと宣い電子書

＊11 市川沙央『ハンチバック』文藝春秋、2023.

籍を貶める健常者は呑気でいい。Eテレのバリバラだったかハートネット
TVだったか、よく出演されていたE原さんは読書バリアフリーを訴えて
らしたけど、心臓を悪くして先日亡くなられてしまった。ヘルパーにペー
ジをめくってもらわないと読書できない紙の本の不便を彼女はせつせつと
語っていた。紙の匂いが、ページをめくる感触が、左手の中で減っていく
残ページの緊張感が、などと文化的な香りのする言い回しを燻らせていれ
ば済む健常者は呑気でいい。(p.34-35)

　すでに述べたように、「電子書籍の導入は時期尚早」と結論づけた2013年の
小平市図書館協議会の報告書が公表された前年、2012年に石川准が視覚障害
者にとっての電子書籍の有効性を指摘する記事を書いていたが、それ以前も当
事者から電子書籍の音声読み上げ機能の必要性は発信されていた。
　したがって、2023年上半期発表の芥川賞受賞作品『ハンチバック』におい
て読書アクセシビリティの観点から日本の出版界、図書館界が痛烈に批判され
なければならないのは、いかに日本における「紙の本」への信仰が根深いもの
かを物語っていると思われる。『ハンチバック』には、「E原さんは読書バリア
フリーを訴えてらしたけど、心臓を悪くして先日亡くなられてしまった」とあ
る。日本の公共図書館は「E原さん」が生きている間になぜ電子書籍の音声読
み上げ機能を活用した電子図書館サービスを開始しなかったのか。「国内外の
情報収集と分析」をいつまで続けるつもりなのか、という疑問が湧いてくる。

2 日本ペンクラブと読書アクセシビリティ

　2023年8月21日、筆者は所属する日本ペンクラブ言論表現委員会に対して、
次の「参考資料1」のような議題提起を行った。引用してご紹介する。

参考資料1（2023年8月21日付日本ペンクラブ言論表現委員会・金平茂紀委
員長宛　湯浅委員からの議題提出書）
1. 議題の提案
　市川沙央氏の芥川賞受賞作品『ハンチバック』における読書アクセシビ
リティに関する問題提起を受けて、日本ペンクラブ言論表現委員会として

意見表明を行うことを提案する。

2. 問題の所在

　市川沙央氏による芥川賞受賞作品『ハンチバック』には、読書アクセシビリティに関するこれまでにない先鋭的な問題の指摘、現状への批判がある。

　具体的な箇所を挙げると次の通りである。

2.1紙の本を中心とした既存の読書文化に内在する特権性への批判

　「厚みが3、4センチはある本を両手で押さえて没頭する読書は、他のどんな行為よりも背骨に負荷をかける。私は紙の本を憎んでいた。目が見えること、本が持てること、ページがめくれること、読書姿勢が保てること、書店へ自由に買いに行けること、─5つの健常性を満たすことを要求する読書文化のマチズモを憎んでいた。その特権性に気づかない「本好き」たちの無知な傲慢さを憎んでいた。曲がった首でかろうじて支える重い頭が頭痛を軋ませ、内臓を押し潰しながら屈曲した腰が前傾姿勢のせいで地球との綱引きに負けていく。紙の本を読むたびに私の背骨は少しずつ曲がっていくような気がする。私の背骨が曲がりはじめたのは小3の頃だ。私は教室の机に向かっていつも真っ直ぐ背筋を伸ばして座っていた。クラスの3分の1ほどの児童はノートに目をひっ付け、背中を丸めた異様な姿勢で板書を写すのだった。それなのに大学病院のリハビリテーション科でおじさんたちに囲まれながら裸に剥かれた身体に石膏包帯を巻き付けられたのは私だった。姿勢の悪い健常児の背骨はぴくりとも曲がりはしなかった。あの子たちは正しい設計図を内蔵していたからだ。」(p.26-28)

　「本を読むたびに背骨は曲がり肺を潰し喉に孔を穿ち歩いては頭をぶつけ、私の身体は生きるために壊れてきた。」(p.46)

2.2電子書籍を貶める言説への批判・出版界への批判

　「アメリカの大学では ADA に基づき、電子教科書が普及済みどころか、箱から出して視覚障害者がすぐ使える仕様の端末（リーダー）でなければ

配布物として採用されない。日本では社会に障害者はいないことになっているのでそんなアグレッシブな配慮はない。本に苦しむせむし（ハンチバック）の怪物の姿など日本の健常者は想像もしたことがないのだろう。こちらは紙の本を1冊読むたび少しずつ背骨が潰れていく気がするというのに、紙の匂いが好き、とかページをめくる感触が好き、などと宣（のたま）い電子書籍を貶める健常者は呑気でいい。ＥテレのバリバラだったかハートネットTVだったか、よく出演されていたＥ原さんは読書バリアフリーを訴えてらしたけど、心臓を悪くして先日亡くなられてしまった。ヘルパーにページをめくってもらわないと読書できない紙の本の不便を彼女はせつせつと語っていた。紙の匂いが、ページをめくる感触が、左手の中で減っていく残ページの緊張感が、などと文化的な香りのする言い回しを燻（くゆ）らせていれば済む健常者は呑気でいい。出版界は健常者優位主義（マチズモ）ですよ、と私はフォーラムに書き込んだ。軟弱を気取る文化系のみなさんが蛇蝎（だかつ）の如く憎むスポーツ界のほうが、よっぽどその一隅に障害者の活躍の場を用意しているじゃないですか。出版界が障害者に今までしてきたことと言えば、1975年に文芸作家の集まりが図書館の視覚障害者向けサービスに難癖を付けて潰した、「愛のテープは違法」事件ね、ああいうのばかりじゃないですか。あれでどれだけ盲人の読書環境が停滞したかわかってるんでしょうか。フランスなどではとっくにテキストデータの提供が義務付けられているのに……。」(p.34-36)

2.3 本を読むためのブックスキャナへの言及

「貴重な私の声を聴いて田中さんは頷くこともなく、ちらりとデスクの上の書籍用オーバーヘッドスキャナを一瞥してから、部屋を出ていった。

弱者でない人間同士ならばシナリオにはぜんぜん別の台詞が並ぶだろう。――それどうやって使うの？　――こう開いて、下に本を置いて、自動に設定すると5秒ごとにパシャ、パシャって。ページを押さえる親指は消してくれるの。――へえ、便利だね。俺も部屋のスペース殆どコミックスに占拠されてるからさあ。

ステマみたいなうそ寒い会話しか思い付かない。

うそ寒かろうが、何だろうが、会話することに意義を見出すのがコミュ

ニケーション強者だ。知ってる。」(p.32-33)

　「デスクにAmazonの封筒が置かれた。既に起床してデスクの椅子に座っていた私は、親指と人差し指でそれをつまんで床に立てかける。マケプレの古書出品しかなかった寺山修司『畸形のシンボリズム』。私は母親譲りの潔癖症が酷くて古本に触って平気でいることができないので、悩み抜いてブックスキャナを買ったのだ。5,000円以上する専門書だろうが、新品が流通していれば私は新品の本を買う。図書館の本は汚くて触れないし、そもそも図書館に行く体力もない。古本を家に置くことも嫌なのだが、業者に頼む自炊は違法だというので、わかったようるせえな自力でスキャンすりゃいいんだろう、と腹を決めた。違法と言ったって未成年の飲酒・喫煙、あるいはコミケの2次創作同人誌くらいのレベルのことなのに、つまり潔癖症なのだ。

　レポートはどうにかなっても、卒論となると古本を回避しきれない。」(p.43-44)

3. 市川沙央氏の批判の背景説明

　市川氏が事例として挙げているアメリカのADA(＝ Americans with Disabilities Act、障害を持つアメリカ人法)は1990年に成立、2008年に改正(2009年1日1日より施行)された。

　「障害を持つアメリカ人法」の特徴として、『合理的配慮』(reasonable accommodation)の概念が挙げられる。合理的配慮とは、『障害者がその障害ゆえに職務遂行上抱える様々な障壁を解消するための措置』を指す。この合理的配慮の概念は、その後、障害者権利条約にも採り入れられることになった。」(総務省「アメリカにおける障害者政策の概要」

https：//www8.cao.go.jp/shougai/suishin/tyosa/h25kokusai/h8_08_01.html)

　アマゾン、アップル、グーグルなどが提供する電子書籍リーダーが、いずれも自動音声読み上げ機能を有するのは、米国ではこうした法律が根拠となっていることはもっと知られてよいだろう。

米国では2009年6月、視覚障害者団体の National Federation of the Blind（NFB）と American Council of the Blind（ACB）が連名でアリゾナ州立大学（ASU）に対して訴訟を提起している。アリゾナ州立大学が学生に Kindle DX を配布して電子教科書と読み上げ機能についての実証実験を行おうとしたことについて、Kindl DX にはテキスト読み上げ機能はついてはいるが、書籍の選択や購入のメニューが視覚障害者向けにはなっていないため教科書のダウンロードが困難であり、連邦法違反であるとする訴訟である。2010年1月に両者の和解が成立したが、このような事例は今後日本でも起こりうるだろう。

（Wauters, Robin/Takahashi, Nob 訳「視覚障害者団体とアリゾナ州立大、AmazonKindle DX 差別訴訟で和解」

http://jp.techcrunch.com/2010/01/12/20100111nfb-acbasu-amazon-kindle-dx/

なお、和解に関するプレスリリースは以下。

"Blindness Organizations and Arizona State University Resolve Litigation Over Kindle" http://www.prnewswire.com/news-releases/blindness-organizations-and-rizona-stateuniversity-resolve-litigation-over-kindle-81131122.html）

（湯浅俊彦著『電子出版学概論』2020、出版メディアパル、p.144）

一方、日本では2013年6月、「障害を理由とする差別の解消の推進に関する法律」（通称：障害者差別解消法）が成立し、公布された。これは2006年12月の国際連合総会本会議で採択され、2008年5月に発効している「障害者の権利に関する条約」に批准するために必要な措置であった。障害者差別解消法の公布により、2013年12月、この条約への批准が参議院本会議で承認されている。(p.142)

そして、2016年4月の「障害者差別解消法」施行に向けて、筆者が加わった大日本印刷、図書館流通センター、日本ユニシス、ボイジャー、立命館大学による共同研究「音声読み上げ機能を活用した公共図書館における電子書籍貸出サービス」の実用化が2016年4月、兵庫県・三田市立図書館

において実現した。

　2023年1月4日現在、この音声読み上げ機能が搭載された電子書籍貸出サービス「LibrariE & TRC-DL」は全国の公共図書館3,316館（2021年、日本図書館協会調査）の約30%にあたる982館、そして大学図書館に導入されている。

　2018年4月25日の第196回通常国会において、マラケシュ条約（「盲人、視覚障害者その他の印刷物の判読に障害のある者が発行された著作物を利用する機会を促進するためのマラケシュ条約（日本政府公定訳）」）の批准が承認される。（湯浅俊彦著『電子出版学概論』2020、出版メディアパル、p.144）

　これを受けて2019年6月21日、読書バリアフリー法（「視覚障害者等の読書環境の整備の推進に関する法律」）が第198回通常国会において可決、成立し、6月28日に公布、施行された。

　読書バリアフリー法では、「アクセシブルな電子書籍等（デイジー図書・音声読上げ対応の電子書籍・オーディオブック等）が視覚障害者等の利便性の向上に著しく資することに鑑み、その普及が図られるとともに、視覚障害者等の需要を踏まえ、引き続き、アクセシブルな書籍（点字図書・拡大図書等）が提供されること」「アクセシブルな書籍・電子書籍等の量的拡充・質の向上が図られること」が規定されている（第3条）。（湯浅俊彦著『電子出版学概論』2020、出版メディアパル、p.145）

　筆者が図書館長をつとめる追手門学院大学でも2019年6月の読書バリアフリー法の施行以前の2019年4月より、電子図書館サービス「LibrariE」を導入している。しかし、自動音声読み上げに対応していないタイトルがあり、こうした課題を顕在化させ、すべてのタイトルが音声読み上げ対応できるように現在、プロジェクトを開始しているところである。

　このように米国と日本を比較すると、読書アクセシビリティの実現に向けた日本の取り組みはあまりにも遅く、今日に至ってもきわめて不十分と言わねばならない。

4. 日本ペンクラブ言論表現委員会としての対応案

　日本ペンクラブ・言論表現委員会では、2022年6月20日（月）17：00-19：00、オンライン会議にて「アクセシブル・ブックス勉強会」を開催し、ABSC（アクセシブル・ブックス・サポート・センター）準備会より以下の方にご説明いただき、質疑応答を行った。

　　小野寺優氏（一般社団法人日本書籍出版協会理事長 株式会社河出書房新社代表取締役社長）

　　田中敏隆氏（株式会社小学館取締役 ABSC 準備会 TTS 推進 WG 座長）

　　落合早苗氏（O2O Book Biz 株式会社代表取締役社長 ABSC 準備会座長代行）

　この時の討議で、読書バリアフリー法への対応として、日本ペンクラブとしても積極的に読書アクセシビリティの実現に取り組むことになった。

　そこで今回の芥川賞受賞作品『ハンチバック』において著者の市川沙央氏が提起している問題に対して、以下の3つの観点から日本ペンクラブ言論表現委員会として、改めて討議し、意見表明を行うことを提案したい。

(1) 読書アクセシビリティに関する議論は、視覚障害等を有する読書困難者を対象に行われてきたが、四肢障害など、もっと多様で重層的な障害の状況に対応する必要がある。

(2) 一方、紙の本にアクセスできない人々にとって、電子の本がもつ有用性を著者や出版関係者が理解する必要がある。

(3) もっとも重要なことは、著者や出版関係者がこれまでのバイアスのかかった「紙の出版」と「電子の出版」に対する考え方を再検討し、ICT を活用した新たな読書アクセシビリティの実現に関して、具体的なアクションを起こすことである。

参考：図書館における障害者サービスの定義

　障害者サービス（library service for people with disabilities）

　視覚障害，聴覚障害，肢体障害，永続する内部（内蔵機能）障害，それに学習障害などその他の心身障害を持つ人々に対して，図書館が提供する

　サービスには，点字資料，録音資料，拡大資料，拡大写本，字幕付きビデオテープ，手話付きビデオテープの収集と提供，対面朗読，点訳，音訳，墨字訳，家庭配本などが含まれる。

　広義には，障害者を図書館利用に障害を持つ人々とみなし，民族的，言語的，文化的少数者（マイノリティ住民），高齢者，病院など施設にいる人々を含める.

　（「障害者サービス」『図書館情報学用語辞典 第5版』）JapanKnowledge,
https：//japanknowledge.com

　この議題案は採用され、さっそく2023年8月21日当日に開催された日本ペンクラブ言論表現委員会からスタートして、市川沙央著『ハンチバック』が提起した問題について討議し、2回の勉強会を経て、当事者をお招きして討議するイベントが行われた（写真2）。

　2023年11月20日、東京・兜町にある日本ペンクラブ3階会議室にて「日本ペンクラブ言論表現委員会企画　対談・シンポジウム　読書バリアフリーとは何か―読書を取り巻く『壁』を壊すために」が開催されたのである。

　この「第1部　対談」では、市川沙央氏（作家、第169回芥川賞受賞者）と桐野夏生氏（作家、日本ペンクラブ会長）が、金平茂紀氏（日本ペンクラブ言論表現委員会委員長）の進行で討議を行った。

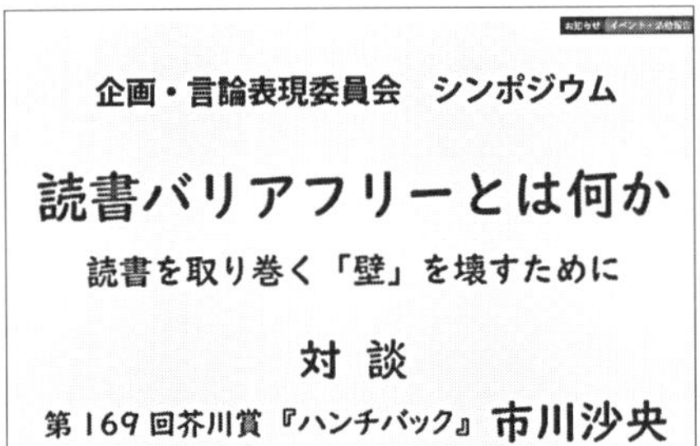

写真2
日本ペンクラブ言論表現委員会企画
「対談・シンポジウム
読書バリアフリーとは何か
―読書を取り巻く『壁』を壊すために」HP

その冒頭、市川氏の発言の中に『ハンチバック』を執筆したきっかけは、日本の図書館の読書アクセシビリティの貧弱さを感じたことであると明らかにされ、驚かされた。以下はその日の「対談」冒頭のやりとりである[*12]。

金平：まず市川さんの方から、この会に参加を引き受けていただいたその経緯も含めてご挨拶いただけますか。

市川：はい。ありがとうございます。本日このような場を設けていただいて、本当に感謝しております。私は、そうですね、10年ほど前でしょうか、ひとつめの大学に入ったときに図書館司書と博物館学芸員の勉強をしていました。公共図書館というのは、情報アクセスを誰にでも開いているべき場所なんですけれど、そこでの障害者対応が貧弱だという気づきがありました。そこが問題意識の始まりで、それから電子書籍というのものが、欧米が先行して普及が始まりましたが、日本ではアレルギーがあってなかなか進まないようでした。電子書籍は私にとっては福音の技術で、本を読むことがとても楽になりました。最近では大手出版社では電子書籍は一般化していますけれども、それでも「書店を守るために、電子書籍を自分は出さない」という作家さんがいらっしゃることがだんだん私もわかってきて、ちょっとショックを受けまして、そのことがこの『ハンチバック』を書いたきっかけなんです。

金平：よくわかりました。図書館の情報アクセスが日本においては非常に弱いというか、欧米と比べると全く進んでいないことに怒りを覚えたというようなお話でした。それから電子書籍化についても日本の作家は書店を守るために、今なかなか応じない人もいるんじゃないかというようなお話でしたけれども、電子書籍が福音だったという話は今までも市川さんがいろんなところでされたのを、私お聞きしたんですけれど、ペンクラブの代表である作家の桐野さん、今のお話を受けて、あるいはこの本を読まれてのご感想からお話していた

---

*12 日本ペンクラブ言論表現委員会「読書バリアフリーとは何か——読書を取り巻く『壁』を壊すために【字幕有】」（YouTube 動画）に付与された登壇者校閲済の字幕より引用。
https://www.youtube.com/watch?v=bQq1FQ9ynAY（参照：2024-01-05）

だけますか。

　この後、桐野会長との対談が展開され、「第2部　シンポジウム」では、三田
誠広氏（作家、日本文藝家協会副理事長）、湯浅俊彦（追手門学院大学国際教
養学部教授・図書館長、日本ペンクラブ言論表現委員）が落合早苗（アクセシ
ブル・ブックス・サポートセンター（ABSC）運営部会副部会長、日本ペンク
ラブ言論表現委員会副委員長）の進行で討議を行った。そして、シンポジウム
の終わりには次のようなやりとりがあり、プレスからの質疑応答の後、2時間
20分ほどの「対談・シンポジウム」は閉会となった[*13]。

　　落合：最後まとめに入りますけれども、ペンクラブとして、あるいは文藝
　　　　家協会としてっていうと、やっぱり湯浅さんが結論付けてくださっ
　　　　たように、推理作家協会に呼びかけて、あちらにはまだこれからお
　　　　話をしなきゃいけないので、もちろん OK もらえるかどうかわから
　　　　ないですし、ペンクラブだってこの後、理事会に上げてという手続
　　　　きを踏まなければいけないわけですけれども、少なくとも今日、こ
　　　　こで一緒に聞いてくれた人たち、あるいは今日聞いてくれた会員の
　　　　人たちも含めて、ある程度方向付けというか、意識の共有を図られ
　　　　たのかなというふうには思っておりますので、そちらの方向で調整
　　　　していきたい。
　　三田：これに反対する人いないと思います。これに反対できる人はいない。
　　湯浅：こういうふうにできるっていうのは、今回は革命的なことだと思い
　　　　ます。

　図書館が利用者に読書アクセシビリティを実現することは、国立国会図書館、
公共図書館、大学図書館、学校図書館、専門図書館など館種の違いを超えて、
取り組む必要がある喫緊の課題であり、研修や話し合いだけではなく、当事者
である利用者が成果を得たと実感できる具体的な行動が必要であろう。

＊13　＊12と同じ。

第3節 図書館に求められる電子資料への対応

1 電子全集の重要性

　公共図書館において、かつて「マンガを蔵書に加えるかどうか」を議論し、「手塚治虫作品は置いても構わない」などと結論を出してきたように、あるいは「ライトノベルやケータイ小説のリクエストを受けるかどうか」といった議論が真面目になされてきたように、公共図書館では「電子書籍」は未だ異端者なのである。

　かつてキリスト教世界では中南米にミッションを派遣するとき、「はたしてインディオは人間なりや否や」と会議をして出かけたという修道会があったという[*14]。ひどい話だと思われるかもしれないが、図書館関係者が電子媒体に対して抱いている感情は、これに近いのではないかとさえ思えてくる。「はたして電子書籍は本なりや否や」？

　つまり、日本における紙媒体への信仰心はこれほどまでに強いのである。しかし、このような神学論争に巻き込まれることよりも、紙媒体と電子媒体の特性を活かした新しい公共図書館を構築することに力を注ぐべきではないだろうか。

　なぜなら公共図書館には、著作物を利用し、新たな知見を生み出し、そして継承していく次の世代を担う利用者が確実に存在するからである。したがって電子出版という出版メディアの変容を冷静に受けとめ、具体的にどのように活

---

*14 五十嵐一「小説『悪魔の詩』事件─イスラームを"国際化"する」『ユリイカ』1989年11月号（『悪魔の詩』上巻、p.296所収）

用していくのかを次世代に示すことこそ、公共図書館関係者の責務である。

　ここで出版サイクルの変化について検討しておくのも無駄ではないだろう。文芸の領域における事例を挙げよう。従来であれば、作家が雑誌に小説作品を連載し、それが単行本化され、文庫となり、著作集に収録されるといった一つの出版サイクルが存在した。文学研究の視点からいえば「初出―初刊単行本―改定本―全集」ということになる。

　そこで出版ビジネスの産業的実態に対応して図書館ではその基本的な収集方針として、同じ著作者の同一タイトル作品であっても雑誌、単行本、文庫、著作集と外形式が異なれば、そのそれぞれを収集してきたわけである。

　ところが今日では最初から文庫や新書の形態で発刊され、比較的短期間で品切れや絶版になってしまう出版コンテンツが数多く存在する。「品切れ重版未定」という在庫表示のまま長年にわたって出版社によって放置されていた作品が、2000年9月から角川書店、講談社、光文社、集英社、新潮社、中央公論新社、徳間書店、文藝春秋の8社が共同で「電子文庫パブリ」としてインターネット経由でダウンロード販売されることになった。「電子文庫パブリ」は2023年12月5日時点で、参加出版社数が34社、提供タイトル数239,122冊、「紙／電子同時発売」のタイトルも1,283点を数えるようになった＊15。

　一方、作家の全集についてはすでに2010年12月に開催された第2回「電子書籍の流通と利用の円滑化に関する検討会議」（文化庁）の箇所で述べたとおり、今日では紙媒体での刊行がきわめて困難な状況下にあり、例えば開高健、三浦綾子、小田実などの全集などが電子書籍で出版されている。

　開高健は1989年、三浦綾子は1999年、小田実は2007年にそれぞれ亡くなっており、すでに紙媒体では『開高健全集』全22巻（新潮社、1991年11月～1993年9月）、『三浦綾子全集』全20巻（主婦の友社、1991年7月～1993年4月）などが刊行されているが、小田実の場合は主要な著作を網羅する初の本格的な個人全集が電子書籍として刊行されたのである。

　2010年6月に刊行が始まったこの『小田実全集』は2014年5月に4年の歳月をかけて完結したが、特徴的なのは電子書籍版とオンデマンド版で同時出版するという日本の出版業界では初めての試みであったことである。収録作品の半

＊15「電子文庫パブリ」http://www.paburi.com/paburi/default.asp（参照：2024-01-05）

数以上が絶版である現在、作家の集大成が電子書籍、オンデマンド出版により蘇ったのである[16]。

　また2012年10月から刊行が開始された『三浦綾子電子全集』の場合、三浦綾子記念文学館所有の秘蔵写真、夫である三浦光世氏が見た創作秘話など、多くの巻に追加編集の項目が入っており、紙媒体をそのまま電子化しただけではない[17]。2013年5月刊行開始の『開高健電子全集』も、各巻に生原稿や当時の担当編集者の解説が付く[18]。

　今後、作家が亡くなり、個人全集が企画された際、紙媒体で刊行されることはほとんどないだろう。なぜなら研究者などごく一部を除き、紙媒体の個人全集を購入する読者はほとんどなく、図書館市場だけをターゲットに出版社が刊行できるほどの購買力を日本の図書館はもたないからである。

　しかし、これは個人全集に限ったことではない。百科事典、法典、判例、統計、学術論文など、電子媒体が主で、紙媒体が従、あるいは紙媒体がそもそも発行されないというデジタル・ネットワーク社会における出版メディアの変容が今日、私たちの眼前で繰り広げられているのである。

2 電子雑誌のアーカイブ化

　そのことを象徴しているのが近年に見られる雑誌の凋落である[19]。雑誌の販売金額の大幅な減少と相次ぐ休刊は、雑誌に対する読者の需要が後退していることや、広告収入の減少のためであり、その要因としてまず考えられるのがインターネットによる情報環境の変化である。

　インターネットの急速な普及で企業情報、芸能情報、時事問題など、たいていの情報は紙の雑誌を購入しなくてもパソコンで検索して必要な部分だけをダウンロードし、印刷することができるようになった。さらにスマートフォンやガラケーのインターネットサービスによって、多くの人々が占いから旅行・グ

---

[16] 講談社「小田実全集」http://odamakoto.jp/（参照：2024-01-05）
[17] 小学館「三浦綾子電子全集」http://ebook.shogakukan.co.jp/miura-ayako/（参照：2024-01-05）
[18] 小学館「開高健電子全集」http://ebook.shogakukan.co.jp/kaiko/（参照：2024-01-05）
[19]『出版指標年報2023』（全国出版協会・出版科学研究所、2023年6月、p.8）によると2022年（1月～12月）の出版物推定販売金額は書籍9635億円（前年比4.4%減）、雑誌8153億円（前年比9.2%減）と1982年から書籍を上回っていた雑誌の販売金額は2018年から書籍に追い越されていることが分かる。

ルメ情報、乗換案内、時刻表、ファッション情報など様々な情報を簡単に入手することができるようになったのである。つまり、これまで紙の雑誌で得ていた様々な分野の情報がデジタル化され、パソコン、タブレット、スマートフォン、ガラケーなどのデバイスで読まれるようになってきたということである。

また、特定の購読者層を対象とする雑誌よりも、徹底的に消費者をターゲティングしていくインターネット広告が優位に立つ時代がやってきたのである[20]。

出版業界ではこのような状況を受けて、紙媒体だけではなく、デジタル雑誌、あるいはインターネットとのクロスメディア戦略を模索する取組みが展開されている。

そうすると出版サイクルの中で、最初に雑誌に作品を発表するという場合、紙媒体の雑誌とデジタル雑誌では発表の仕方や読まれ方が大きく変わってくるだろう。過去に雑誌に発表した作品がデジタル化されたり、最初からデジタル雑誌に発表されたりすることによって、品切れや絶版もなくバックナンバーとしてデジタルアーカイブ化され、いつでもダウンロードできるデジタル時代の出版流通が整備されるだろう。また連載の第1回目については雑誌の立ち読みサイトにおいて無償で読むことができ、2回目からは有料になるなど、課金システムについてもさまざまなバリエーションが設定できるようになる。

さらに一定の月額料金を支払えば雑誌コンテンツが読み放題になるサブスクリプション講読モデルも登場し、公共図書館にも新たな潮流が生まれている。

例えば2022年4月1日、図書館流通センターと富士山マガジンサービスが、公共図書館を中心に提供されている電子図書館サービス「LibrariE & TRC-DL」を経由して、富士山マガジンサービスが取り扱う電子雑誌コンテンツを読み放題で利用できる「TRC-DL マガジン」を正式リリースしている。

このプレスリリースによると、5つの特徴があるという[21]。

（1）掲載タイトル100種類以上
（2）電子図書館利用者は追加登録が不要

＊20 湯浅俊彦「縮小する雑誌市場とデジタル雑誌の動向」『カレントアウェアネス』No.302、2009年12月20日 http://current.ndl.go.jp/ca1697（参照：2024-01-05）
＊21 図書館流通センター「TRCと富士山マガジンサービス、電子図書館『LibrariE & TRC-DL』における電子雑誌読み放題サービス『TRC-DL マガジン』を正式リリース」https://www.trc.co.jp/information/pdf/20220401_TRCrelease.pdf（参照：2024-01-05）

（3）図書館内外から閲覧が可能

（4）閲覧可能期間 週刊誌1年以上／月刊誌3年以上

（5）雑誌記事全文検索機能「マガサーチ」を利用可能

　2023年12月1日時点で、「LibrariE & TRC-DL」導入の350自治体1,241館のうち、95自治体が「TRC-DLマガジン」を導入している。

　このような出版メディアにおけるデジタル化の潮流を無視して、紙媒体のものであれば収集するが、電子書籍やデジタル雑誌は収集しないと図書館が考えるのであれば、図書館の役割と機能は限りなく矮小化されるであろう。

第4章 図書館DXとしての電子送信

本章の内容

図書館関連の「著作権法の一部を改正する法律」が、2021年5月26日に成立し、同年6月2日に公布された。

法改正の内容は2つある。

第1に図書館関係の権利制限規定の見直し、第2に放送番組のインターネット同時配信等に係る権利処理の円滑化である。

本章では、このうち「図書館関係の権利制限規定の見直し」を取り上げ、「著作権法の一部を改正する法律の概要」に示された、次の2点の改正が次世代の新たな知見の創出にとっていかに重要であるかを論ずる*1。

①国立国会図書館による絶版等資料のインターネット送信

・国立国会図書館が、絶版等資料のデータを、図書館等だけでなく、直接利用者に対しても送信できるようにする。

②各図書館等による図書館資料のメール送信等

・図書館等が、現行の複写サービスに加え一定の条件の下、調査研究目的で、著作物の一部分をメールなどで送信できるようにする。その際、図書館等の設置者が権利者に補償金を支払うことを求める。

なお、本稿は『専門図書館』第308号（2022.3）に発表した論文を採録したものである。

第 1 節 電子書籍の流通と利用の円滑化

1 文化庁「電子書籍の流通と利用の円滑化に関する検討会議」

　まず、時間軸を 2010 年まで遡ってみよう。

　2010 年 12 月 17 日、筆者は文部科学省旧庁舎講堂で開催された「第 2 回 電子書籍の流通と利用の円滑化に関する検討会議」の席上で報告していた。この「第 2 回検討会議」では、国立国会図書館、公共図書館、大学図書館についてヒアリングが行われ、筆者は「公共図書館における電子書籍の利用の現状と課題」というテーマで報告を行ったのである*²。

　その時の報告でも言及したが、その前年の 2009 年 3 月に国立国会図書館の委嘱を受け、筆者が研究代表となって研究会を組織し、出版社、コンテンツプロバイダー、携帯電話キャリアなど 19 機関へのインタビュー、また出版社を対象としたアンケート調査（日本書籍出版協会と出版流通対策協議会の会員社 565 社、回収数 255 社、回収率 45.1%）と国立国会図書館職員（904 名、回収数 373 名、回収率 41.3%）を実施し、『電子書籍の流通・利用・保存に関する調査研究』という 317 ページの報告書を公表した*³。ちょうど日本の電子書籍事業

＊1　文化庁「文化庁「著作権法の一部を改正する法律」概要、2021 年 5 月 26 日、
　　　https://www.bunka.go.jp/seisaku/chosakuken/hokaisei/r03_hokaisei/pdf/93181001_01.pdf
　　　（参照：2023-12-13）
＊2　文化庁「電子書籍の流通と利用の円滑化に関する検討会議（第 2 回）」2010 年 12 月 17 日、資料 2「公共図書館における電子書籍の利用の現状と課題」（湯浅氏説明資料）
　　　https://www.bunka.go.jp/seisaku/bunkashingikai/kondankaito/denshishoseki/02/index.html
　　　（参照：2023-12-13）

がこれから発展期を迎えるであろうと予測されていた時期だったのである。

「第2回検討会議」で筆者は、電子書籍の貸出サービスを行っているいくつかの具体的な事例を示し、公共図書館は大切に紙の本を所蔵しておくという「正倉院」的機能を中心に据えるよりも、利活用されるべきコンテンツのプロバイダーとしての図書館像を新たに創出することが必要であると結論づけた。

結局、この「検討会議」は2010年12月2日の第1回から2011年12月21日の第14回まで開催された。そして2011年12月には『電子書籍の流通と利用の円滑化に関する検討会議 報告』が公表され、その結論を受けて、「著作権法の一部を改正する法律（2012年6月27日公布、2013年1月1日施行）」により、2014年1月から国立国会図書館による「図書館向けデジタル化資料送信サービス」が実現したのである。

ここで重要な点は、すでに『電子書籍の流通と利用の円滑化に関する検討会議 報告』の中で、次のように国立国会図書館から各家庭までのデジタル化資料送信サービスに関する課題が論じられていたことである*4。

○国会図書館のデジタル化資料を各家庭等まで送信することについて解決するべき課題が多く、関係者間において協議を行う必要があるため、サービスの実施までに相当の期間を要することが想定される。
○一方、①送信先、②対象出版物の範囲、③利用方法を限定した上で送信サービスを実施することについては、各家庭等までの送信に比べて、早期に権利者、出版者の合意を得ることが可能であると想定される。

そこで、公共図書館と大学図書館に送信先を限定し、対象出版物は「市場における入手が困難な出版物等」、送信データの利用方法は「プリントアウト可」とし、また、「出版物の所蔵冊数を超える同時閲覧の可否」についても、「同時閲覧可」という決着をみたということになる。

＊3 国立国会図書館『電子書籍の流通・利用・保存に関する調査研究』国立国会図書館研究リポート No.11, 2009.
https://current.ndl.go.jp/files/report/no11/lis_rr_11_rev_20090313.pdf （参照：2023-12-13）
＊4 文化庁『電子書籍の流通と利用の円滑化に関する検討会議 報告』2011.12.21. p.7.
https://www.bunka.go.jp/seisaku/bunkashingikai/kondankaito/denshishoseki/pdf/houkoku.pdf
（参照：2023-12-13）

　つまり、2021年5月の「改正著作権法」は、2010年12月に先送りされた案件を11年の歳月を経てもう一度、検討して得た結論と言えるだろう。

2　著作権法改正と「知的財産推進計画」

　興味深いのは今回、著作権法を改正するために作られた「図書館関係の権利制限規定の在り方に関するワーキングチーム」が2020年11月13日に公開した「図書館関係の権利制限規定の見直し（デジタル・ネットワーク対応）に関する報告書」では、「第1章　問題の所在及び検討経緯」の箇所に、「今般の新型コロナウイルス感染症の流行に伴う図書館の休館等により、インターネットを通じた図書館資料へのアクセスなどについてのニーズが顕在化した」としている点である*5。

　そして、こうした状況を踏まえて「知的財産推進計画2020（2020年5月27日知的財産戦略本部決定）において、図書館関係の権利制限規定をデジタル化・ネットワーク化に対応したものとすることが短期的に結論を得るべき課題として明記されたことから、早急に対応を行う必要がある」と、コロナ対策が喫緊の課題と位置付けられているのである*6。

　実は、「各家庭等までの送信」が先送りにされた2010年の「検討会議」の時期も同じように「知的財産推進計画2010」では、「世界をリードするコンテンツのデジタル化・ネットワーク化を促進する」という目標指標として、「今後の書籍、放送番組の 8 割程度が電子媒体でも配信される。」と明記されていたのである。また「コンテンツの電子配信を進める」では、「書籍の電子配信」に関する次のような目標が示されていた*7。

　　　書籍の電子配信を促進するに当たって、知の拡大再生産の確保に留意し

＊5　文化庁『図書館関係の権利制限規定の見直し（デジタル・ネットワーク対応）に関する報告書』2020.11.13.
　　　p.1
　　　https://www.bunka.go.jp/seisaku/bunkashingikai/chosakuken/toshokan_working_team/
　　　pdf/92654101_02.pdf（参照：2023-12-13）
＊6　同上。
＊7　知的財産戦略本部『知的財産推進計画2020』2010.5.21.
　　　https://www.kantei.go.jp/jp/singi/titeki2/2010keikaku.pdf（参照：2023-12-13）

つつ、非商業分野において国立国会図書館によるデジタル・アーカイブ化
の促進や電子納本に向けた環境整備を図るとともに、商業分野において民
間における標準規格の策定、権利処理ルールやビジネスモデル形成の取組
を支援する。

　国立国会図書館のデジタル化資料送信サービスの早期実現をめざすために、
協議に時間を要する「各家庭等」をはずし、「公共図書館」と「大学図書館」
に限定したことが、それから11年の歳月を経て、2021年の法改正でようやく
「各家庭等」まで届くことになったのである。

第2節 出版産業への影響と図書館DXの推進

1 図書館送信サービスに対する出版社の反発

この改正に関して、2020年12月4日から12月21日まで、『「図書館関係の権利制限規定の見直し（デジタル・ネットワーク対応）に関する中間まとめ」に関する意見募集の結果について』には、出版者からの批判的な意見が掲載されている*8。（傍線、筆者）

> ○今回の法改正（特に法第 31 条第 1 項第 1 号）については、図書館の本来の役割を超え、図書館が配信事業者になることを可能にするもので、民業圧迫につながるおそれがある。「創造のサイクル」が循環され、結果として国民の情報へのアクセスに貢献できる建設的な制度設計を期待する。これから解決しなければならない課題が非常に多く、法改正から施行日までの期間に十分な時間を持たせることが肝心。（p.4）

図書館によるデジタル化資料の送信について、日本の出版社は「民業圧迫」というキーワードで批判を続けてきた。

すでに述べたように、筆者は2010年12月に開催された「第2回 電子書籍の流通と利用の円滑化に関する検討会議」において、「利活用されるべきコンテ

---

*8 文化庁『「図書館関係の権利制限規定の見直し（デジタル・ネットワーク対応）に関する中間まとめ」に関する意見募集の結果について』2021.1.18.
https://public-comment.e-gov.go.jp/servlet/PcmFileDownload?seqNo=0000213032
（参照：2023-12-13）

ンツのプロバイダーとしての図書館像を新たに創出することが必要」と結論づけた[9]。

しかし、日本の出版社は2021年においても「図書館の本来の役割を超え、図書館が配信事業者になることを可能にするもので、民業圧迫につながるおそれがある」と主張する。

ここでは、図書館の本来の役割は利用者に対して紙の本や雑誌を閲覧や貸出に供することであり、資料を電子化して利用者に送信することは海賊版業者と同じふるまいであると考えているように思われる。

国立国会図書館ではすでに戦前期刊行図書、古典籍資料、官報、学位論文など、電子図書館サービスのための所蔵資料のデジタル化を行い、2009年度の125億9,800万円の補正予算により、大規模デジタル化を進めていた。

また2009年6月の著作権法改正、2010年1月の施行により、戦後期刊行図書を保存のためにデジタル化する事業を実施していた。

つまり、文化庁の「電子書籍の流通と利用の円滑化に関する検討会議」では、国立国会図書館の所蔵資料を国民に提供する方法が検討され、絶版等により市場における入手困難な資料を公共図書館や大学図書館において厳格な運用を行うことによって、利用者に提供する新たな方法を開発したのである。

一方、長尾真国立国会図書館長（当時）は2008年4月、日本出版学会において私人の立場としていわゆる「長尾構想」を発表し、所蔵資料のデジタル化とその送信サービスだけでなく、電子書籍や電子雑誌等のオンライン資料の制度的収集とその提供についても精力的に取り組んでいた。そこで2009年10月、国立国会図書館第17回納本制度審議会において、新たなに電子書籍や電子雑誌などを収集するオンライン資料の制度的収集、いわゆる「電子納本制度」に関する諮問を行った[10]。

これに対して、筆者も委員の1人であった納本制度審議会は、2010年6月、オンライン資料を収集する新たな制度を設ける「オンライン資料の収集に関す

---

[9] ＊2と同じ

[10] 国立国会図書館法第 25 条に規定する者（私人）がインターネット等により利用可能とした情報のうち、同法第 24 条第 1 項に掲げられた図書、逐次刊行物等に相当する情報を収集するための制度の在り方について」2009.10.13.
https://www.ndl.go.jp/jp/collect/deposit/council/online_shimon.pdf（参照：2023-12-13）

る制度の在り方について」を答申するのである[*11]。

　しかし日本の出版社は、この「電子納本制度」に対してもきわめて批判的であり、2013年7月より国立国会図書館「オンライン資料収集制度（e デポ）」が開始されたが、「国立国会図書館によるオンライン資料の記録に関する規定」（2013年5月30日国立国会図書館規定第1号）には、オンライン資料のうち有償のものについては「当分の間、その提供を免ずる」として、無償かつ DRM（技術的制限手段）がないオンライン資料のみを収集するというきわめて異例の事態となったのである[*12]。

　つまり、商業出版の電子書籍や電子雑誌等は収集ができない状況が続いたのである。

　出版流通対策協議会（現・日本出版者協議会）の高須次郎会長（当時）は「長尾構想」について、次のように厳しく批判している[*13]。

> 　長尾構想は、絶版書籍で著作権保護期間が消滅しているものを対象にしたデジタル・アーカイブではなく、納本制度で安く入手した本を、税金で電子化し、あるいは無料で電子納本させ、市販中の本も閲覧、複製等ができるようにし、既存の書店や公共図書館の役割を国立国会（電子）図書館に置き換え、全読者をそこに集約していく構想である。これは、グーグルもびっくりの日本政府版電子図書館計画である。文化庁の「電子書籍の流通と利用の円滑化に関する検討会議」が現在、急ピッチで開催されているが、これに反映される恐れがある。

　それでは、実際の「長尾構想」とはどのようなものだったのだろうか。

＊11 国立国会図書館「答申 オンライン資料の収集に関する制度の在り方について」
　　 https://www.ndl.go.jp/jp/collect/deposit/council/s_toushin_5.pdf（参照：2023-12-13）
＊12 「国立国会図書館によるオンライン資料の記録に関する規定」2013.5.30.
　　 https://www.ndl.go.jp/jp/aboutus/laws/pdf/a4108.pdf（参照：2023-12-13）
＊13 高須次郎「電子納本と長尾国立国会図書館長構想の問題点―全読者を国立国会図書館に集約？」『新文化』
　　 2011.2.3付、No.2872.

2 「長尾構想」とはなにか

　2008年4月26日、日本出版学会春季研究発表会（日本大学法学部三崎町校舎）において特別シンポジウム「デジタル時代の図書館と出版」が開催され、ゲスト講師の長尾真・国立国会図書館長（当時）が「ディジタル図書館サービスと出版界」と題して講演を行った。講演内容は学術出版の電子化、新聞、本、雑誌の電子化と関連業界の将来、電子出版に対する新しい図書館モデルなど多岐にわたっていた。そのうち「公共図書館の新しいビジネスモデル」の箇所が特に取り上げられ、出版社の批判を受けることになったのである。

　その内容は次のようなものであった[14]。

- 公共図書館あるいは国立国会図書館に入れられた本の所在情報は国立国会図書館の全国総合目録データベースによって知ることができる。
- したがって出版社は国立国会図書館に電子納本すれば、その時点で利用者や公共図書館にその存在が知られる。
- 利用者は電子本を出版と同時に電子的に購入することが出来る。
- 利用者は全国総合目録データベースを利用して、電子本をどこにいてもどの図書館からも直接に（無線で）一冊単位、あるいは頁単位でダウンロードで借りられる（一回最大3百頁？　コピー不可、転送不可、一定時間後自動消去）
- したがって公共図書館間での電子資料の移送はない。

［モデル1］
- 図書館は電子本を購入する。
- 従来の紙の本の利用（無料）と同じとし、同一の電子本を同時に一人しかダウンロードで借りられない（現状とあまり変わらず、ディジタル時代の特徴を生かした方法ではない）。

＊14　長尾真「ディジタル図書館サービスと出版界」（日本出版学会春季研究発表会特別シンポジウム講演資料、2008年4月26日）

[モデル2]

①出版社は電子本を図書館に無料で提供する。

②同一の電子本を同時に何人でもダウンロードで借りられる。

③利用者はダウンロード（プレビューは除く）ごとに、最寄りの図書館へ
　行く交通費の数分の一相当額を図書館を経由して出版社に支払う（一回
　50円程度？　電子本の購入費の数分の一以下？）これはダウンロード
　手数料とみなし、図書館は無料で利用できるという原則に反しないと考
　える。

④館内での閲覧は無料で、同時に何人でも読める。

⑤図書館は、それぞれの本の館内利用者のダウンロード回数（あるいは取
　り出した頁数）に応じて、その本の出版社に利用料を支払う。これはモ
　デル1の図書館の電子図書購入費よりも低い額で済むだろう。電子本の
　プレビューについては回数に数えない。

⑥図書館はハンディキャップを持つ人に対して種々の電子的読書支援をす
　ることが出来る（拡大表示、自動朗読、点字化など）。

　この講演内容が後にいわゆる「長尾構想」と呼ばれ、出版社からの批判を受
け続けることになるのである。長尾真館長は出版社からの批判に対して、修正
案を提示してきた。

　例えば、2009年1月に筆者が企画し、コーディネーターとして運営した「日
本ペンクラブ・追手門学院共催セミナー　紙の本のゆくえ」において、長尾真
館長は「電子出版物流通センター（仮称）」を出版社が設立し、そこに国立国
会図書館が電子出版物を提供する案を提起している。

　このように2010年前後の動向を丹念に見ていくと、2021年5月の改正著作
権法で見直された「国立国会図書館による絶版等資料のインターネット送信」
と「各図書館等による図書館資料のメール送信等」が目指している図書館情報
資源の利用にかなり近い議論があったことが判明するのである。

　つまり、図書館が所蔵している資料をいかに電子化して利用者に提供してい
くのかという喫緊の課題に対して、10年以上も先送りされ、新型コロナウイ
ルス感染症拡大という外在的要因で急展開をみたということが明らかになって
くるのである。

3 図書館 DX の観点からみた電子送信

　文化庁・文化審議会著作権分科会・法制度小委員会図書館関係の権利制限規定の在り方に関するワーキングチームの第1回会合の資料として、次のような事例が報告されている*15。

　「日本に留学したアメリカの院生が、東大に留学しながら、東大をはじめとして日本の図書館の文献は紙のコピーしか出来ないので、目の前の東大図書館を使わず、Harvard の図書館から pdf を送ってもらっていました。恥ずかしすぎる話です。（大学・大学院、教員）」

　いわゆる「長尾構想」（2008年4月）は、これまでパッケージ系電子出版物しか収集して来なかった国立国会図書館において、電子書籍や電子雑誌等のオンライン資料を収集する「オンライン資料収集制度（e デポ）」（2013年7月）、そして国立国会図書館の所蔵資料の大規模デジタル化を経て絶版等の理由で入手困難な資料を公共図書館や大学図書館館内の端末で利用できる「図書館向けデジタル化資料送信サービス」（2014年1月）という2つの具体的な成果を生み出した。

　そして、その時には実現できなかった地点に、2021年5月の著作権法改正はたどり着いたのである。すなわち、新型コロナウイルス感染症拡大が顕在化させた、インターネットを通じた図書館資料へのアクセスという利用者ニーズは、法改正により次の2点の新しい展開をもたらしたのである。

　第1に、絶版等により一般に入手困難な資料については、国立国会図書館によるインターネット送信を可能とする。

　すなわち、国立国会図書館の承認を受けた公共図書館や大学図書館に限定されていた送信先を、事前登録した利用者に対して直接送信できるように拡大したのである。

　第2に、一般に入手可能な新刊書などの資料については、補償金の支払いを

---

*15 文化庁・文化審議会著作権分科会・法制度小委員会図書館関係の権利制限規定の在り方に関するワーキングチーム（第1回）（2020 年 8 月 27 日開催）資料4-6「ポストコロナに求められるデジタル化資料のあり方—研究者・学生のニーズから」(p.3)
https://www.bunka.go.jp/seisaku/bunkashingikai/chosakuken/toshokan_working_team/r02_01/pdf/92478101_10.pdf (参照：2023-12-13)

前提に、一定の図書館等で著作物の一部分のメール送信等を可能とする。

　すなわち、利用者の調査研究の用に供するためであれば、著作物の一部分をメール送信できることになったのである。

　「長尾構想」に反発する出版社の方々は、図書館の主に扱ってきた図書や雑誌等が、デジタル化され、それが利用されることによって価値を生じさせ、新たな知見が生み出され、また出版コンテンツとして再生産され、還流していくことにもっと目を向けるべきだろう。

　デジタル・ネットワーク社会において、図書館の機能と役割もまた大きく変容を遂げている。

　前述したように、「図書館の本来の役割を超え、図書館が配信業者になることを可能にするもので、民業圧迫につながるおそれがある」と主張していることが、「東大に留学しながら、東大をはじめとして日本の図書館の文献は紙のコピーしか出来ないので、目の前の東大図書館を使わず、Harvard の図書館から pdf を送ってもらって」いる状況を生み出したことを直視しなければならないだろう。

　今日の図書館は、単に紙の資料から電子資料へと移行しつつあるだけでなく、その機能やしくみそのものが利用者の新たなニーズに対応し、変化を続けている。いわゆる図書館 DX（デジタルトランスフォーメーション）がこれからの出版メディアにとっても重要な課題となってくるのである。

　ここでいう図書館 DX とは、第1に自館の所蔵から外部の情報資源の利用へと図書館情報資源の前提が変化することである。第2に、紙媒体の時代の「図」「表」写真」から「動画」などマルチメディアを取り込むメディアの変化である。第3に、図書館情報資源を活用して新たな知見を生み出し、その成果を電子情報資源で発信し、電子図書館システムに登録・公開を行う図書館のプロデュース機能である。

　つまり、図書館の機能と役割が急激に変化することによって図書館制度、図書館経営が大きく変容し、図書館が情報宇宙のポータルサイトになることを意味している。

　電子送信と図書館の関係は、利用における出版コンテンツの活性化をもたらし、新たな知的生産へと展開するだろう。電子出版ビジネスの新たな可能性は大きな変化の時代にこそ存在しているのである。

第 **5** 章

電子出版、
電子図書館の諸相
——その歴史的経緯

本章の内容

本章は、筆者が2010年代に電子出版と電子図書館に関して執筆した記事や論文を紹介し、その歴史的経緯を改めて見ておきたい。 タイトルと掲載誌は以下のとおりである。

1. 電子書籍、デジタル教科書と学校図書館
   『学図研ニュース』No.306（2011.08）

2. 電子書籍をめぐる公共図書館の変化
   『文化庁月報』519号（2011.12）

3. 電子出版の進展と図書館の役割
   『論究日本文学』96号（2012.5）

4. 電子出版ビジネスと電子図書館をめぐる政策動向
   『情報処理学会誌』53巻12号（2012.12）

5. 電子化する書物と文学作品―電子納本制度への道筋
   『立命館文学』630号（2013.3）

6. 電子出版の現状とこれからの学校図書館
   『学校図書館』（767号2014.9）

7. 指定管理者制度が切り拓く次世代型公共図書館の可能性
   『出版ニュース』2017年2月上旬号（2017.2）

8. 武雄市図書館訴訟「意見書」
   裁判所提出意見書（2017.8）

9. 電子出版活用型図書館プロジェクトの可能性
   ——ディスカバリーサービスを中心に
   『情報学』15巻2号（2018.11）

<table>
</table>

第1節 電子書籍、デジタル教科書と学校図書館

初出誌『学図研ニュース』No.306 (2011.8.1)

1 本当は避けて通りたい「電子書籍」？

「避けては通れない問題ですから、本日は講師の方をお迎えし……」

学校図書館問題研究会兵庫支部の司会の方は、電子書籍に関する講演会をこのような言葉から始めた。今年5月22日、こうべまちづくり会館で「電子書籍の歴史、現状、課題とこれからの知識情報社会」というテーマで講演を行った時のことである。

そこで私はすぐにこう思った。

「学校図書館現場の方々は電子書籍については避けて通れるものなら避けて通りたいテーマなんだろうなあ」

電子書籍の登場によって、紙の本はいったいどうなるのか。会場に集まった方々はとても心配している様子に見えたのである。

2 館種による違い

学校図書館だけでなく、公共図書館でも事情は似通っている。なぜか図書館員は紙の本が大好きだ。もちろん私も紙の本が大好きである。しかし、電子書籍やデジタル教科書といった電子出版を毛嫌いし、その可能性を否定するようなことはしないだけのことである。

これが大学図書館であれば事情は違ってくる。すでに1990年代半ばから海外の学術雑誌は電子ジャーナルに移行し、冊子体を凌駕するようになった。またeBookや各種データベースの利用が学術研究にとって不可欠なことから、

それらを図書館資料として契約せざるをえない。

　また所蔵資料をデジタル化し公開すること、さらに大学教員の論文などを「学術機関リポジトリ」という形でアップロードしておくことも大学図書館の重要な任務になっている。したがって出版コンテンツのデジタル化は大学図書館ではなんの抵抗もない。

　また国立国会図書館では「近代デジタルライブラリー」など電子図書館事業のほかに2009年度から開始された所蔵資料の大規模デジタル化、さらに電子書籍などの「オンライン資料」の制度的収集に関する2010年6月の納本制度審議会答申によって国内の刊行物をデジタル資料として網羅的に収集・利用・保存しようとしている。

　では、これらの動向は学校図書館とはまったく関係がないのだろうか？

3　デジタル教科書が変える授業

　2010年4月、鈴木寛・文部科学省副大臣が立ち上げた「学校教育の情報化に関する懇談会」はまとめとして「教育の情報化ビジョン」を公表した。そこには「教員・生徒用のデジタル教科書」「学校のICT環境整備」が掲げられている。またデジタル教科書教材協議会（DiTT）は2011年度教育関連予算1,700億円を段階的に引き上げ、2015年に3000億円程度にするという提言を文部科学省に提出している。

　2011年6月15日、私は大阪で開催された「New Education EXPO 2011」において、教科書会社各社の「デジタル教科書」の実演ブースを見学した。とりわけ興味を惹いたのは教育出版㈱のデジタル教科書である。電子黒板にデジタル化された教科書が映し出されるのだが、教科書にハイライト表示されているキーワードをクリックすると、それに関連する文献一覧と掲載ページが表示され、その中から選択すると電子書籍が表示されるのだ。

　例えば、小学校6年生社会科教科書の「大陸に学んだ国づくり」の単元では「聖徳太子」「十七条の憲法」「冠位十二階」「小野妹子」「遣隋使」「法隆寺」など11のキーワードがハイライト表示されていた。

　これは㈱図書館流通センター（TRC）の学習件名典拠ファイルとデジタル教科書をリンクさせることによって実現したもので、両社は学校の授業と図書

館の資料を関連付けることで、学校図書館の資料を使った授業が容易になると考えたという。

また将来的には「聖徳太子」というキーワードに肖像画がつながるように、キーワードに書籍以外のデジタル情報や画像をリンクすることも構想中ということだった。

紙の教科書のような閉じられた世界ではなく、電子黒板が教室をライブ劇場に変え、ディスカッションを中心とする授業が組み立てられていく。暗記を中心とする詰込み型の教育からアクティブ・ラーニングへの転換がデジタル教科書によって可能になるのである。

4 電子書籍、デジタル教科書と学校図書館

「学校図書館法　第2条」に「図書、視覚聴覚教育の資料その他学校教育に必要な資料（以下「図書館資料」という。）を収集し、整理し、及び保存し、これを児童又は生徒及び教員の利用に供することによって、学校の教育課程の展開に寄与する」という文言がある。しかし、現在の学校図書館は教育課程の展開にどれほど寄与しているだろうか。

少なくとも「図書館資料」の概念は印刷資料や非印刷資料だけでなく、電子書籍などの電子資料、あるいはネットワーク情報資源に拡大し、必ずしも「所蔵」を前提とせず、外部サーバーへのアクセスという契約ベースの「利用」という大きな転換期を迎えつつある。

今後は学校図書館においてもデジタル教科書に象徴される電子出版時代に対応する必要があり、学校の教育課程の展開に寄与することが重要なテーマとなるだろう。

電子書籍について講演すると必ず「紙の本はなくなるか」という質問を受けるが、「紙の本」と「電子出版」は異なる特性を持つものであり、紙の本がなくなることはないだろう。

紙の本には「装丁や手触りなど質感によって記憶に残る」、また「行間を読むことや味わいながら読むことができる」という利点がある。

一方、必要な情報を取り出し、その情報を利用し、次の創造につなげていくうえで、電子書籍の持っている「本文の検索ができる」「最新の情報が入手で

きる」「文字情報だけでなく、音声、静止画、動画を収録できる」「引用や参考文献などにリンクすることができる」といった特性はきわめて便利である。

　つまり「紙」か「電子」かという二者択一ではなく、使い分けることが必要なのである。電子書籍やデジタル教科書のような電子出版は新たな知識情報基盤を提供し、知の共同化に寄与することが期待される。その一方で、読書の重要性は変わることがない。情報量が多くなればなるほど、その情報をどのような文脈の中に位置づけるかということが必要だからである。

　「避けて通ることのできない問題」ではなく、より積極的に電子書籍やデジタル教科書を使いこなすことを考えたい。それが次世代の新たな文化創造につながっていくのである。

第**2**節

電子書籍をめぐる
公共図書館の変化

初出誌『文化庁月報』2011年12月号（第519号）

1 「電子書籍を扱うイメージがわかない」？

　2010年1月14日、新潟市民プラザで開催された「全国公共図書館研究集会」（サービス部門　総合・経営部門）では「出版文化の危機と新しい図書館像」がテーマでした。その基調講演で私は次のような順序で話をしました。

(1) 国立国会図書館の委嘱を受けて2009年3月にまとめた調査報告書『電子書籍の流通・利用・保存に関する調査研究』の概要を示し、

(2) 国立国会図書館による所蔵資料のデジタル化がいかに必要な事業であるかを強調し、

(3) なぜ私が日本ペンクラブの言論表現委員会の一員として Google「ブック検索」著作権訴訟和解案に対してニューヨーク連邦地裁に異議申し立てを行ったかを明らかにし、

(4) その上で公共図書館がこれからの電子出版時代に積極的に対応していくことを提案した、のです。

　ところがこの集会の最後のパネルディスカッションにおいて、「デジタルデータと公共図書館がどうかかわるかという話がよく分からない」という趣旨の会場からの質問があり、私は2日間に及ぶ発表と討議はなんだったのかと愕然としました。

2　電子書籍ビジネスの進展と公共図書館

　ところがその後、電子書籍に関する大きな出来事が次々と展開しました。ここで特筆すべきは次のようなことがらです。

(1) 2010年5月、アップル社のiPadが国内で発売され、講談社が京極夏彦さんの作品を電子書籍で提供するなど、日本でもついに大手出版社による電子書籍への取り組みが進展し、「日本電子書籍出版社協会」（電書協）が設立され、

(2) 2010年10月、大日本印刷はモバイルブック・ジェーピーと協力し、出版社から利用許諾を得た教育・学習関連の「練習問題集」など図書館での蔵書が難しい書籍を中心に約5,000タイトルの電子書籍コンテンツを図書館向けに配信・販売、5年後に500館へ導入、20億円の売上げ目標とプレスリリースし、

(3) 2011年1月、堺市立中央図書館がこの大日本印刷・CHIグループの「電子図書館の構築支援サービス」（TRC-DL＝図書館流通センター・デジタルライブラリー）を初めて導入し、資格系、英会話系、青空文庫など1,147コンテンツ、2,519利用冊数の館外貸出を開始し、

(4) 2011年6月、新潮社が今後、著者の許諾が得られた新刊書籍について全点電子書籍化すると発表した、のです。

　そして公共図書館には自治体の首長や議会、教育委員会、市民から「iPadの時代に図書館はどのようなサービスを提供するのか」といった声が多く寄せられ、公共図書館にとって「電子書籍」は避けては通ることができない課題になってきました。

3　公共図書館における電子書籍の導入事例

　もちろんこれまでも公共図書館による電子書籍の取り組みはありました。主な提供事例には、以下のようなものがあります。

(1) 北海道・岩見沢市図書館は2002年6月、「岩波文庫」や「東洋文庫」、そしてマンガなど電子書籍の閲覧サービスを市民向けに開始。これは電子書籍

販売サイト「10daysbook」を運営するイーブックイニシアティブジャパンから電子文庫を一括購入し、図書館内のパソコンで閲覧するというものでした。

(2) 奈良県・生駒市図書館は2005年5月、電子出版事業会社のパブリッシングリンクと提携し、ソニーの電子書籍端末 LIBRIé を利用者に貸し出し、電子書籍販売サイト「Timebook Town」で提供される約1,300タイトルの作品を読むというサービスを開始。しかし、Timebook Town が2009年2月末をもってサービスを中止することを受けて、2008年12月末で提供を取りやめています。

(3) 東京都・千代田区立図書館は2007年11月、「千代田 Web 図書館」を開設し、①一人につき上限5冊を2週間まで、画面のコピーや印刷はできないしくみ、②2週間の貸出期間が過ぎるとパソコン上から自動消滅、③利用対象は区内在住者と在勤・通学者、④同時に一人までしか借りられないなど商業出版者に配慮、という特徴を持っていました。

　つまり、上記の（1）は図書館内の専用端末での閲覧、（2）は電子書籍端末の貸出、（3）は電子書籍の貸出という非来館者型サービス、とそれぞれ異なったサービスを模索してきたということになります。

4 アクセスポイントとしての公共図書館

　アマゾン「Kindle Store」、アップル「iBookstore」、グーグルの「Google eBookstore」といった米国発の企業による電子書籍流通のプラットフォームが世界的規模での展開を図りつつある現在、国内の電子書籍ビジネスは「出版デジタル機構」設立の動きに見られるように出版社の横のつながりを模索していますが、国内の出版コンテンツの網羅的なアーカイブ化は困難なように思われます。

　一方、2010年12月に始まった文化庁「電子書籍の流通と利用の円滑化に関する検討会議」では、国立国会図書館所蔵資料の公共図書館・大学図書館への公衆送信の権利制限について、関係者の一定の合意が得られ、著作権法改正に向けて大きく動き出しました。

　つまり、出版産業における紙から電子への動向が確実に存在し、図書館界ではオンライン資料を図書館資料として取り扱わざる得ない不可逆的な流れがあり、したがってオンライン資料をめぐる出版界と図書館界の利害調整が喫緊の課題となっているということです。

　「電子書籍時代に図書館が必要なのか」「電子図書館は1つあれば十分ではないのか」という言葉をしばしば耳にします。しかし、じつは電子書籍の時代にこそ図書館の果たすべき役割が重要になってくると私は考えています。地域の情報拠点としての図書館、紙媒体とオンライン資料・ネットワーク系情報資源を使い分ける新たな時代の図書館をデザインする構想力がいま必要です。

　電子書籍に象徴されるオンライン資料の収集・利用・保存はデジタル・ネットワーク社会において図書館が担うべき役割であり、その中で公共図書館は地域住民にとって重要なアクセスポイントなのです。

第3節 電子出版の進展と図書館の役割

初出誌『論究日本文学』96号（2012.5）

1 「電子出版時代」の図書館の役割

　日本国内で出版社グループ、大手印刷会社、通信キャリア、電子書籍メーカーなどが次々と新たな電子書籍事業を発表し、まさに合従連衡が進行したのが2010年のいわゆる「電子書籍元年」であった。

　一方、アマゾン「Kindle Store」、アップル「iBookstore」、グーグルの「Google eBookstore」は世界的規模での電子書籍流通のプラットフォームを構築しつつあり、このような米国発の企業による電子書籍流通は日本の出版ビジネスにとって大きな脅威となっている。

　つまり1点1点の電子書籍の購入という、いわば紙の本の延長線上に考えられてきた電子書籍の流通は、いまやクラウド型の出版コンテンツデータベースへのアクセス権の販売へとその様相を変化させてきたのである。図書館にとっては所蔵を前提とした図書館資料から、アクセス権を購入する「図書館情報資源」のひとつへと変貌しつつあるということである。

　電子書籍の「生産」「流通」「利用」「保存」の知のサイクルは、単に紙の書籍をデジタル化し、ネットワークで流通させたものではなく、活版印刷物の流布以来の大きなパラダイムの変化ととらえる必要があるだろう。本文からの検索によって必要な情報が取り出せるだけでなく、冊子の中の章、節、項、あるいはページ、パラグラフ、本文、図、表など、種々の単位に書物を解体し利用することも可能になるという意味で大きな変化が惹き起こされると考えられるのである。

　このような「電子出版時代」に図書館はその館種を問わず、新たな図書館サ

ービスを求められることになる。大学図書館界ではすでに1990年代後半以降に電子ジャーナル、各種データベースの導入など学術情報の「所蔵からアクセスへ」の変更が進展し、研究者、図書館利用者の情報探索、獲得行動に変容をもたらし、大学図書館の役割そのものが問い直されてきた。

「電子出版時代」が到来すれば図書館はどのような利用者サービスを展開することになるのだろうか。また、図書館での電子資料の利用はこれからの知の拡大再生産にどのような影響を与えると想定されるのであろうか。

デジタル・ネットワーク社会に対応した知の拡大再生産、その実現のために利用者が広く出版物にアクセスするためには図書館と出版ビジネスの適切な役割分担とその環境整備が必要だろう。また国立国会図書館における所蔵資料の大規模デジタル化と電子納本制度導入へ向けた取り組みなどもふまえて、これからの日本の電子出版ビジネスと図書館の役割について総合的に分析、検討を行う必要があるだろう。

本稿では電子書籍をはじめとした日本における電子資料の定義や統計を概観した上で、電子出版ビジネスの進展が図書館に与える影響について検討し、改めて図書館の役割を考える。

2 電子資料の定義と統計

1 パッケージ系電子資料とオンライン系電子資料

電磁的媒体を用いて公表される電子資料には、大きく分けてCD-ROMなどの「パッケージ系電子資料」とダウンロード型電子書籍に代表される「オンライン系電子資料」の2つがある。

従来はパッケージ系とネットワーク系を対比する呼び方をする場合もあった。しかし、本稿では「ネットワーク情報資源」(networked information resources) という言葉を広くウェブ情報、放送番組、音楽配信、動画配信、メール、ブログ、ツイッターなど従来の図書館資料とは異なる資料を含む意味で用い、このような「ネットワーク情報資源」のうち従来からの図書・逐次刊行物に相当する電子書籍や電子ジャーナル・デジタル雑誌などの資料を特に「オンライン系電子資料」と定義した。(次項図1参照)

これは筆者も委員をつとめる国立国会図書館・納本制度審議会が設置した

「オンライン資料の収集に関する小委員会」がまとめた「オンライン資料の収集に関する中間報告」（2010年3月16日）と、これを受けた第19回納本制度審議会の答申「オンライン資料の収集に関する制度の在り方について」（2010年6月7日）によって示されている定義を踏襲したものであり、そこではこれらの用語を次のように規定している*1。

①ネットワーク系電子出版物

　　電磁的媒体を用いて公表される出版物を電子出版物といい、そのうち、通信等により公表されるものをネットワーク系電子出版物という。「通信等」には、最も広義では放送が含まれることから、ネットワーク系電子出版物には、放送番組を含むことになる。

②オンライン出版物

　　ネットワーク系電子出版物のうち、インターネット等により利用可能となっている情報で、図書、逐次刊行物に相当する情報。

③オンライン資料

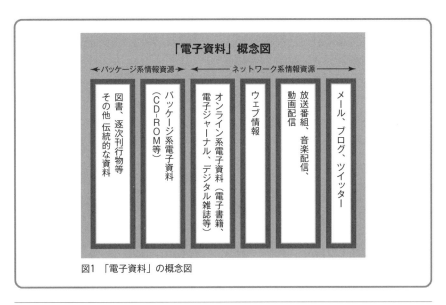

図1　「電子資料」の概念図

＊1　国立国会図書館・納本制度審議会「答申─オンライン資料の収集に関する制度の在り方について」（2010年6月7日）、p.5. https://www.ndl.go.jp/jp/collect/deposit/council/s_toushin_5.pdf（参照：2024-01-10）

　　オンライン出版物であって、館が収集し、図書館資料として取り扱うも
　の。

　なお、ここで「出版物」という用語を使用しているが、これらの情報は有形
物ではなく出版「物」とすることは正確ではない。
　しかし国立国会図書館の納本制度審議会では（1）過去の答申でも「出版物」
という用語を用いてきた経緯があること、（2）「出版」という用語には何らか
の編集過程を経た成果物の流通というニュアンスがあることから、無形のもの
であっても「ネットワーク系電子出版物」「オンライン出版物」の用語を用い
ていることを前述の答申の用語規定の注に記している。

2 電子書籍の定義と統計

　電子書籍は、「e ブック」「EBOOK」「電子ブック」「電子本」「オンライン本」
「デジタル書籍」などさまざまな名称があるが[*2]、その定義はきわめて困難で
ある。なぜならばその上位概念である「電子出版」のうちの紙媒体の書籍に相
当するものを電子書籍、紙媒体の雑誌に相当するものを電子ジャーナルやデジ
タル雑誌と暫定的に呼んでいるに過ぎず、そもそもデジタル化されたコンテン
ツには書籍や雑誌という区分、1冊、2冊といった数え方、「出版社―取次―書
店」といった流通経路はそれほど有効とは思われないのである。
　それどころか動画や音声を伴うコンテンツの場合ははたして出版というジャ
ンルで区分することさえ困難になってくる。つまり、新聞、出版、映画、放送
などのメディア間の融合を視野に入れ、デジタルコンテンツの流通・利用・保
存の観点から電子出版をとらえる必要が生じているのである。
　たとえばテレビは従来のアナログ放送に代わって今日では地上デジタル放送
や BS、CS 放送が一般的な視聴形態となっている。この地上デジタル放送を使
い新聞・雑誌などの逐次刊行物を所定の日時までに利用者のテレビまで配信す
るプロジェクトが2009年、総務省の「ICT 経済・地域活性化基盤確立事業（ユ
ビキタス特区事業）に選定された。利用者は自宅で受信したデータを WiFi

---

*2　なお、「電子ブック」はキヤノン株式会社の登録商標（第2051620号 . 1988-06-24）、また「EBOOK」はソニー株式会社の登録商標（第2616249号 . 1994-01-31）である。

（ワイファイ＝無線 LAN 機器間を相互接続するブランド名）などで既存のモバイル端末（iPod touch や各種スマートフォン、各種ゲーム機など）に移して持ち歩くことも可能という、いわゆる「地デジ」の次の「書デジ」計画である[*3]。

電子出版は一般にインターネットを利用して、デジタル化した出版コンテンツをダウンロードするものと考えられてきたが、この例を見れば明らかなようにデータ放送によって一定時間内に大規模数の利用者に対してデジタルコンテンツをデリバリーし、利用者は必要に応じてデータを取り出す形態の「出版」も考えられるようになったのである。

また一方で、2007年11月に開始された公共図書館における電子書籍貸出サービス「千代田 Web 図書館」で提供されている英語の絵本などは、動画や音声機能も提供されており、従来の「書籍」とは異なる概念といえよう。利用者は ID とパスワードを入力して、この絵本の電子貸出を受け、自宅のパソコンで閲覧することができ、貸出期間の2週間が過ぎるとパソコン上から自動消滅する。

このように「電子出版」の定義自体が困難な中で、いま仮に従来からの紙媒体の書籍に該当するものをここでは「電子書籍」と呼び、いわば産業的実態に即して考えることにする。そうすると電子書籍には現在、次のようなものがある。

(1) 単行本のように紙で出版された資料をデジタル化し、オンライン配信で提供されるもの。

(2) 「ケータイ小説」のようにもともとデジタルコンテンツ（Born-digital＝ボーン・デジタル）としてオンライン配信で提供されるもの。

(3) 貴重書、地域資料など図書館の所蔵資料をデジタル化したもの。

(4) 「Yahoo! Japan 辞書」のように検索エンジンに搭載されたもの。

(5) 「JapanKnowledge」のように出版されたコンテンツを統合的に検索し、

[*3] 総務省「デジタル・ネットワーク社会における出版物の利活用の推進に関する懇談会　技術に関するワーキングチーム（第1回）配布資料」（2010年4月15日）
https://www.soumu.go.jp/main_sosiki/kenkyu/shuppan/index.html「デジタル・ネットワーク社会における出版物の利活用の推進に関する懇談会」技術に関するワーキングチーム（第1回）議事要旨 https://www.soumu.go.jp/main_content/000066398.pdf（参照：2024-01-24）

　閲覧することができるもの。

　日本の電子書籍の統計については正確な数字は存在しない。すでに述べたように電子書籍の定義が困難な上に、電子書籍を刊行している業界団体が毎年網羅的な調査を行い、統計をきちんと発表しているわけではないからである[*4]。

　そこで『出版年鑑』（出版ニュース社）と『電子書籍ビジネス調査報告書』（インプレス R&D）の2種類の統計が電子書籍関連の話題を取り上げる新聞記事などでは必ず使われることになる。

　『出版年鑑』では2002年版から電子書籍の書目の収録を開始し、『出版年鑑2010』に掲載されている電子書籍のタイトル数は、2009年1月から12月までの発行点数2万6,474件であった（各サイトの要望で掲載していないものがあり、点数にすると59万7,718点。ただし、同タイトル重複やフォーマット重複も1点と数えているため実数はもっと少なくなり、さらに全件数は収録しきれないとして文芸書、コミックなどを中心にアダルト物や写真集を除いた主要なものを掲載している）[*5]。

　ところが最新版の『出版年鑑2011』ではオンデマンド出版とオーディオブックの書目は収録されているものの、電子書籍についてはその収録を中止してしまった。

　一方、『電子書籍ビジネス調査報告書』は電子書籍の書目ではなく、市場規模の統計が2002年度分から掲載されている。この報告書では電子書籍を「書籍に近似した著作権管理のされたデジタルコンテンツ」とし、「日本国内のユーザーにおける電子書籍の購入金額の合計を市場規模」と定義し、「ただし、電子新聞や電子雑誌など定期発行を前提としたもの、教育図書、企業向け情報提供、ゲーム性の高いものは含まない。また、ユーザーの電子書籍コンテンツのダウンロード時の通信料やデバイスにかかわる費用、オーサリングなど制作にかかわる費用、配信サイトにおける広告も含まない」としている[*6]。

＊4　米国では Association of American Publishers, Inc(AAP、米国出版社協会)と Book Industry Study Group(BISG、シンクタンク)が2011年8月より出版統計サービス「BookStats」を開始している。
　　　https://www.bookstats.org/（参照：2024-01-10）
＊5　「Shuppan NEWS blog　出版年鑑2010」
　　　http://www.snews.net/blog/archives/2010/05/2010_1.html（現在、存在せず）
＊6　『電子書籍ビジネス調査報告書2011』インプレス R&D、2011、p.16

　2011年版に掲載された2010年度統計によるとPC向け53億円、ケータイ向け572億円、新たなプラットフォーム向け24億円の合計650億円としている。

　ここでいう「新たなプラットフォーム」とは、「スマートフォン向けのモバイルマーケットプレイスの電子書籍カテゴリのアプリ、スマートフォンやタブレットPC等のビューワーアプリ経由で購入する電子書籍、iBookstoreやKindleやこれに類似した電子書籍配信サービス、PC・スマートフォン・電子ブックリーダーなどマルチデバイスで閲覧が可能な電子書籍配信サービス、PSPやNintendo DSなどゲーム機向け電子書籍配信サービス」と定義されている[7]。2002年度から2015年度までの電子書籍市場の推移と予測はPC向けからケータイ向け、そして新たなプラットフォーム向けと電子書籍を読むためのデバイスは変化しながらも全体としては急速に拡大しつつある（図2参照）。

　なお、このうちケータイ向け572億円の内訳は、電子コミック492億円（構成比86%）、電子書籍（文芸・実用書等）45億円（同8%）、電子写真集35億円（同6%）となっており、じつに全体の86%がケータイ向け電子コミックであることには注意が必要であろう[8]。つまり、日本の電子書籍市場は米国のように書店店頭で販売されている新刊文芸書や話題のベストセラー物がただちに電

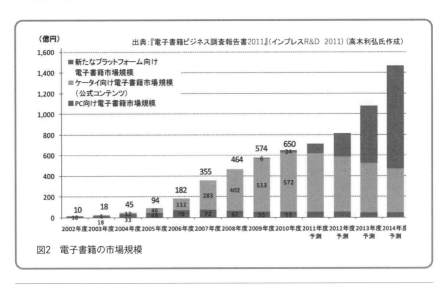

図2　電子書籍の市場規模

＊7　『電子書籍ビジネス調査報告書2011』インプレスR&D、2011、p.16
＊8　『電子書籍ビジネス調査報告書2011』インプレスR&D、2011、p.20

子書籍化されるのではなく、紙の本と競合しない形で品切れ中の出版物の二次的利用や新たな読者需要の拡大という方向をめざして展開してきたのである。

一方、この2つの調査からは抜け落ちてしまう電子書籍群があることを忘れてはならない。例えば紀伊國屋書店が提供している大学図書館向けの電子書籍サービス「NetLibrary」では1タイトルごとに買切商品として大学図書館に販売されているものであり、この販売金額は『電子書籍ビジネス調査報告書』の統計には反映されない。

また国内で提供されている電子書籍のコンテンツは出版社系だけではない。例えば「魔法のiらんど」が運営する「魔法の図書館」のように無料で13万タイトルを超えるコンテンツを提供しているサイトが存在するが、『出版年鑑』の刊行点数には反映されてこなかったのである。

今後、ボーン・デジタルの電子書籍の点数が増え、また品切れ・絶版になったタイトルが電子書籍として再び販売されることを想定すると電子書籍の市場規模がさらに拡大することが予測される。

3 電子ジャーナルの定義と統計

電子ジャーナルは、電子雑誌、オンラインジャーナル、e-Journal とも呼ばれ、主として学術雑誌をデジタル化したものである。『図書館情報学用語辞典 第3版』(丸善、2007) には次のように定義されている[9]。

「従来は印刷物として出版されていた雑誌、とりわけ学術雑誌と同等の内容を、電子メディアを用いて出版したもの。電子雑誌ともいう」

書店で販売している一般読者向け雑誌をデジタル化したものは、出版業界ではデジタル雑誌と呼んでいるため、ここでは産業的実態に即して、この2種を便宜上、区分して取り扱うことにする。

電子ジャーナルの歴史はオランダに本社を置くエルゼビア・サイエンスという出版社抜きには語れない。エルゼビア・サイエンスはメディア・コングロマリット（複合企業体）であるリード・エルゼビア・グループ傘下にある学術出版社で1991年から1995年にかけて「TULIP」(The University Licensing Program) と呼ばれる実験プロジェクトを米国の9つの大学と共同で実施した。

---

*9　日本図書館情報学会用語辞典編集委員会（2007）『図書館情報学用語辞典』丸善、p.166.

そして1995年1月から「EES」（Elsevier Electronic Subscriptions ＝エルゼビア電子購読制度）という電子ジャーナルの購読サービスを開始した。

そして1997年7月からは「Science Direct（サイエンスダイレクト）」というインターネットによる全文検索、速報サービス、データベースや関連情報へのリンクを備えた情報サービスを開始し、今日ではエルゼビア の科学・技術・医学・社会科学分野の2,500タイトル以上の電子ジャーナルと1万1,000タイトル以上の電子ブックを搭載する世界最大の全文（フルテキスト）データベースとなっている。

電子ジャーナルの契約には出版社単位の個々のパッケージ契約、図書館や図書館コンソーシアムが既に購読している雑誌の支払い実績にアクセス料金を加えた価格で結ぶ包括的なラインセンス契約（「ビッグ・ディール」契約）、Pay per view（論文単位で支払う）契約などがある。

例えばエルゼビアの電子ジャーナルについてはタイトル単位、パッケージ単位、論文単位の契約がある。タイトル単位の契約の場合、冊子体で購読しているタイトルの一部を対象とするスタンダード・コレクション、すべてを対象とするコンプリート・コレクションがあり、冊子体の金額に加えて電子コンテンツ料金を支払うことになる。また、パッケージ単位の契約の場合、エルゼビアのほぼすべてのタイトルへのアクセスが可能なフリーダム・コレクションというライセンス形態もあり、この場合、冊子体で購読していないタイトルに特別割引価格でアクセスできるが、購読を中止した後のアーカイブ権はない。さらに論文単位の契約の場合、購読していないタイトルを論文単位で購入することも可能である[10]。

欧米に比べると日本で提供されている電子ジャーナルのタイトル数は少ない。

独立行政法人科学技術振興機構（JST）が提供するJ-Stageは正式名称を「科学技術情報発信・流通総合システム」といい、1998年にスタートした日本を代表する電子ジャーナルのシステムである。1,026タイトル・1,167,784記事が提供されており（2011年11月現在）[11]、電子ジャーナルのノウハウを持た

＊10 エルゼビアジャパン「ScienceDirect 電子ジャーナル」
https://www.elsevier.com/ja-jp/products/sciencedirect/journals/subscription-options#1
（参照：2024-01-10）
＊11 科学技術振興機構「J-Stage」https://www.jstage.jst.go.jp/（参照：2024-01-10）

ない学協会に対してシステムを提供しているが、医学、薬学、工学系の雑誌が中心となっている。

　また国立情報学研究所が提供している CiNii（NII 論文情報ナビゲータ［サイニィ］）は、学協会刊行物・大学研究紀要・国立国会図書館の雑誌記事索引データベースなど、学術論文情報を検索の対象とする論文データベース・サービスである。学術雑誌と大学研究紀要を電子化し公開する事業を展開し、18,000誌・1,200万件の論文のうち、本文を利用することが可能な論文は、3,800誌・325万件である[12]。

　国立国会図書館では2009年7月17日から ISSN（＝ International Standard Serial Number、国際標準逐次刊行物番号）登録手続きの完了した電子ジャーナルの書誌データを試験的にリスト形式で国会図書館のホームページに掲載を開始したが、そこで提供されているのはわずか1,354件（2011年12月1日現在）の書誌データである[13]。

4「デジタル雑誌」の定義と統計

　デジタル雑誌とは、電子ジャーナル以外のデジタル化された雑誌を指す。図書館情報学の世界では電子メディアを用いて出版される学術雑誌を「電子ジャーナル」と呼ぶことが定着しているために、本稿はそれ以外のものを出版業界で一般に使われる用語にしたがって「デジタル雑誌」とした。

　日本の出版業界は近年、デジタル雑誌への取り組みを急速に展開している。その要因として第1に雑誌の販売不振がある。

　『出版年鑑2011』によれば、2010年（1月～12月）の雑誌の実売総金額は1兆919億3,140万円（前年比3.1％減）とピーク時である1996年の1兆5,984億697万円より5,000億円以上減少し、返品率も36.1％となっている[14]。一方、『出版指標年報2011』でも雑誌販売金額は1兆535億5,000万円（前年比3.0％減）、金額返品率は35.5％である[15]。このように雑誌は売り上げ不振と流通コスト高

＊12 国立情報学研究所「CiNii について」https://support.nii.ac.jp/（参照：2024-01-10）
＊13 国立国会図書館「ISSN 日本センター」
　　 https://www.ndl.go.jp/jp/data/issn/index.html（参照：2024-01-10）
＊14 『出版年鑑2011　資料・名簿編』出版ニュース社、2010、p.282
＊15 『出版指標年報2011』全国出版協会・出版科学研究所、2010、p.3

の悪循環を繰り返しているのである。

　第2に、販売不振だけでなく、広告モデルの変化がある。電通の「日本の広告費」によるとインターネット広告が2006年に雑誌広告を、さらに2009年には新聞広告を追い抜き、テレビに次いで広告費の第2位に躍進している。2010年の日本の広告費は5兆8,427億円で、内訳は新聞6,396億円（前年比94.9%）、雑誌2,733億円（同90.1%）、ラジオ1,299億円（同94.8%）、テレビ1兆7,321億円（同101.1%）、インターネット広告（含モバイル広告）は7,747億円（同109.6%）などであり、雑誌広告費は7年連続のマイナスとなっている[*16]。購読費と広告費がこれまでの雑誌ビジネスを支えていたわけだが、購読者が減っただけでなく、広告モデルの変化—すなわちネット広告の優位性は雑誌メディアそのものの凋落を意味するところとなり、出版業界は死活を賭け、デジタル雑誌という新たなビジネスモデルの構築に取り組むことになったのである。

　新聞や雑誌の発行社からの部数報告を公査する社団法人日本ABC協会では、2008年の「発行社レポート08上半期版」よりデジタル雑誌の販売部数の公表を開始した。このとき初めて公表されたのは『ニューズウィーク日本版』（阪急コミュニケーションズ）のデジタル版販売部数254部であった。なお、同じタイトルの印刷版は7万1,883部であった[*17]。

　この『ニューズウィーク日本版 Digital』は2007年2月に配信サービスを開始し、富士山マガジンサービスの「デジタル雑誌ストア」から購入することができる。紙をめくるのと同じ感覚でパソコン上の雑誌を読む富士山マガジンサービスの専用リーダー「Fujisan Reader」を使用して閲覧するシステムである。富士山マガジンサービスでは2007年2月のサービス開始時に28タイトル、2010年3月時点で307タイトル、2012年1月時点で1,223タイトル[*18]（無料誌・見本誌のみの提供を含む）とラインアップを増やしている。

　つまり、雑誌の新たなビジネスモデルの模索が開始されているのが近年の特徴であるといってよいだろう。しかし、電子ジャーナルと同様に対応する紙媒

＊16　電通「2010(平成22年)日本の広告費」https://www.dentsu.co.jp/knowledge/ad_cost/2010/media.html（参照：2024-01-10）

＊17　『新文化』2008年11月27日付け7面 .「日本ABC協会調べ　2008年上半期雑誌販売部数」

＊18　富士山マガジンサービス「Fujian.co.jp とは」https://www.fujisan.co.jp/guidance/info-about/（参照：2024-01-10）なお2024年1月10日時点では「雑誌数は1万誌以上、デジタル雑誌も2500誌以上」となっている。

体が存在しないボーン・デジタルのデジタル雑誌も登場しており、図書館での収集、閲覧、貸出、保存をどのように行っていくかが課題となっているのである。書店店頭に一般読者に販売されている雑誌が「デジタル雑誌」として提供されることは図書館界にとっても大きな変化となりうるだろう。

すなわち、紙媒体では発行されない雑誌が今後急速に増加するとすれば、図書館における新聞雑誌コーナーに置かれるタイトルは次第に減少し、利用者端末によってデジタル雑誌を閲覧に供することを検討せざるをえないのである。もちろんそのためには著作権処理の問題など解決すべき点は多い。

3 アマゾン、アップル、グーグルと国の図書館政策

1 アマゾン、アップル、グーグルの動向

2007年11月、Amazon.comはデータ通信機能を内蔵した読書専用端末である「Kindle」を米国において発売した。当初9万タイトルのKindle版電子書籍を準備し、2009年2月の後継機「Kindle2」発売時には23万タイトル、2010年1月には41万タイトルをラインアップし、さらにベストセラー本の多くを9.99ドルの廉価で提供するなど、日本国内では考えられないほど急速な市場拡大策を続けた。

またAppleは米国で2010年4月、日本では5月にタブレット型端末「iPad」を発売し、「iBookStore」による電子書籍の販売を開始した。これはiPodと音楽ダウンロードサービス「iTunes」の電子書籍版であり、音楽で起こったCDから配信への流れが書籍にも起こり得ることを予見させた。

さらにGoogleは米国で2010年12月、英国において2011年10月から「Google eBookstore」を開始し、「Kindle」「iPad」、パソコンなどデバイスに制約されない電子書籍サービスを展開した。グーグルで検索されなければ存在しないことになりかねないネットの世界が、本の世界にも押し寄せてきたといえるだろう。

2 電子書籍をめぐる国の図書館政策

1「デジタル・ネットワーク社会における出版物の利活用の推進に関する懇談会」

このような米国発の企業による電子書籍流通のプラットフォームが世界的規

模で展開する動向に対し危機感を深めた日本政府は、2010年3月、経済産業省、総務省、文部科学省による「デジタル・ネットワーク社会における出版物の利活用の推進に関する懇談会」（三省懇）を設置した。そして早くも6月には「デジタル・ネットワーク社会における出版物の利活用の推進に関する懇談会　報告」をまとめた[19]。

　この報告書において、図書館における電子出版に係る公共サービスについて、次のような2つの「具体的施策の方向性とアクションプラン」が示された（p.59）。

(1) 図書館による貸与については様々な考え方があるが、今後関係者により進められる図書館による電子出版に係る公共サービスの具体的な運用方法に係る検討に資するよう、米国等の先行事例の調査、図書館や出版物のつくり手、売り手等の連携による必要な実証実験等を実施。

(2) こうした取組について国が側面支援。また国立国会図書館については「国立国会図書館における出版物のデジタル保存に係る取組を継続・拡充していく必要」（p.57）とされたのである。

2「電子書籍の流通と利用の円滑化に関する検討会議」（文化庁）

　これを受けて文部科学省として取り組むべき具体的な施策の実現に向け2010年12月、「電子書籍の流通と利用の円滑化に関する検討会議」が「デジタル・ネットワーク社会における図書館と公共サービスの在り方」を検討事項のトップに掲げて文化庁に設置され、2011年8月26日にまとめ（案）が示され、9月26日にパブリックコメント（意見公募手続）の実施が公表された[20]。

　「まとめ」の内容は以下の3つの内容、条件が法令等によって適切に担保されるのであれば、当該サービスの実施にあたり、著作権法の権利制限規定の創設により対応することが適当であると考えられるというものである。

(1)「送信先の限定」（公立図書館、大学図書館）

---

[19] 「デジタル・ネットワーク社会における出版物の利活用の推進に関する懇談会　報告」（2010年6月28日）https://www.soumu.go.jp/main_content/000075191.pdf（参照：2024-01-10）

[20] 文化庁「電子書籍の流通と利用の円滑化に関する検討会議 報告」https://www.bunka.go.jp/seisaku/bunkashingikai/kondankaito/denshishoseki/pdf/houkoku.pdf（参照：2024-01-10）

(2)「送信データの利用方法の制限」(プリントアウト不可)

(3)「対象出版物の限定」(市場における入手が困難な出版物等)

　著作権法改正に向けたこの合意は、公衆送信権によって著作者の許諾なくデジタルデータを送信することができなかった図書館にとって、大きな課題を一つクリアしたと言えるだろう。従来の紙媒体での図書館間相互貸借(ILL＝Inrterlibrary loan)に代わって利用者に資料を電子的に提供することが可能になるのである。

3 知的財産戦略本部のコンテンツ強化専門調査会と「知的財産推進計画2011」(内閣府)

　文化庁の検討会議とほぼ同時期に、内閣府の知的財産戦略本部のコンテンツ強化専門調査会では、国立国会図書館の1968年刊行までのデジタル化資料の公共図書館への送信について検討し、その結論は「知的財産推進計画2011」として2011年6月3日に公表された[21]。

　そこでは政府の施策として「我が国の知的インフラ整備の観点から、国立国会図書館が有する過去の紙媒体の出版物のデジタル・アーカイブの活用を推進する。具体的には、民間ビジネスへの圧迫を避けつつ、公立図書館による館内閲覧や、インターネットを通じた外部への提供を進めるため、関係者の合意によるルール設定といった取組を支援する。

　また、「国立国会図書館への電子納本を可能にするため、例えば、電子書籍として市場で配信されたものは、館内閲覧に限るというルール設定の検討をはじめとした取組を支援する。(短期)(文部科学省、経済産業省、総務省)」(p.24)と、電子納本制度について「知的財産推進計画2011」に取り入れられた意義は大きい。

4 国立国会図書館による所蔵資料の大規模デジタル化と電子納本制度

　2009年度、通常の所蔵資料デジタル化の年度予算の100倍以上にあたる127

＊21 内閣府知的財産戦略本部『知的財産推進計画2011』(2011年6月3日) http://www.kantei.go.jp/jp/singi/titeki2/kettei/chizaikeikaku2011.pdf (参照：2024-01-10)

億円の補正予算によって国立国会図書館における所蔵資料大規模デジタル化が進められることになり、2011年6月現在、約100万点のデジタル化を完了し、そのうち約25万タイトルをネット公開することとなった。このデジタル化には2種類の性質がある。

(1) 電子図書館サービスのためのデジタル化

戦前期刊行図書、古典籍資料、昭和27年までの官報、学位論文を対象として、国会図書館の館内利用が基本であり、著作権処理が可能なものはインターネット提供を行う。

(2) 保存のためのデジタル化

1945年〜1968年までの戦後期刊行図書、戦前期の雑誌等を対象とし、国会図書館の館内利用と図書館への配信を行う。なお、検索のためのテキスト化・デジタル化データの民間商用利用については文化庁の「電子書籍の流通と利用の円滑化に関する検討会議」で関係者の協議を行う。

一方、所蔵資料のデジタル化だけではなく、国立国会図書館では電子出版物の増大に対応するため、2009年10月、第17回納本制度審議会で長尾真館長からオンライン資料の収集に関する諮問がなされ、審議会は「オンライン資料の収集に関する小委員会」を設置し3回の調査審議を行い、「オンライン資料の収集に関する中間報告」を取りまとめた[22]。そして2010年6月7日、中間報告をもとにした「答申─オンライン資料の収集に関する制度の在り方について」が納本制度審議会から長尾館長に手交された。

この答申は民間の出版社・出版者等がインターネット等で提供する電子書籍、電子ジャーナルやデジタル雑誌などを発行した場合、国会図書館に納入する義務を負わせる制度的収集が必要であるという内容である。

従来の図書、逐次刊行物に相当するものを、紙媒体のものがあっても収集し、有償・無償は問わず、内容による選別も行わないという条件のもとで収集を実施していくことになる。所蔵資料のデジタル化だけでなく、オンライン資料の制度的収集は図書館の大きな転換点である。

＊22 国立国会図書館・納本制度審議会「答申─オンライン資料の収集に関する制度の在り方について」（2010年6月7日）https://www.ndl.go.jp/jp/collect/deposit/council/s_toushin_5.pdf（参照：2024-01-10）

4 図書館における電子書籍の導入事例

1 メディアの変遷と図書館

　古来より図書館は図書を収集してきた。そして17世紀に雑誌が誕生するとこれを資料に加え、さらに19世紀に入ってレコード、テープ、フィルムなど紙以外の記録物についても図書館資料と位置づけてきた。このような流れをみると、20世紀後半に登場したネットワーク系情報資源を積極的に利用者に提供していくことは必然的なことのように思われる。つまり、「図書の館」からの変貌を迫られているのが今日の図書館なのである。それでは図書館における電子書籍の取り扱いはどのようになっているのだろうか。

2 公共図書館における電子書籍の取り組み事例

　北海道・岩見沢市図書館は2002年6月、「岩波文庫」や「東洋文庫」、そしてマンガなど電子書籍の閲覧サービスを市民向けに開始した[23]。これは電子書籍販売サイト「10daysbook」を運営するイーブックイニシアティブジャパンから電子文庫を一括購入し、図書館内のパソコンで閲覧するというものだったが、現在ではこのサービスは休止している。

　奈良県・生駒市図書館は2005年5月、電子出版事業会社のパブリッシングリンクと提携し、ソニーの電子書籍端末 LIBRIé を利用者に貸し出し、電子書籍販売サイト「Timebook Town」で提供される約1,300タイトルの作品を読むというサービスを開始した[24]。しかし、Timebook Town が2009年2月末をもってサービスを中止することを受けて、2008年12月末で提供を取りやめている。一方、同じ生駒市の奈良先端科学技術大学院大学が電子化した東京大学出版会の538タイトル（2010年10月7日現在）を北分館の専用端末で提供するサービスは今日でも継続している。

　東京都・千代田区立図書館は2007年11月、以下のような「千代田 Web 図書館」を開設し図書館界の話題を呼んだ[25]。
（1）一人につき上限5冊を2週間までで、画面のコピーや印刷はできないしく

＊23 鈴木雄介（2004）『eBook 時代はじまる！ ―「電子の本」が変える読書革命』中経出版、p.79
＊24 プレスリリース「パブリッシングリンクが生駒市図書館と新しい図書館利用スタイルを提案」（2005年5月19日）https://www.publishinglink.jp/news/118/（参照：2024-01-10）

み。

(2) 2週間の貸出期間が過ぎるとパソコン上から自動消滅。

(3) 利用対象は2008年3月末までは区内在住者限定されていたが、2008年7月から区内在勤・通学者へ拡大。

(4) 同時に一人までしか借りられないなど商業出版社への配慮が特徴。

　当初は学習コンテンツなどのウェブコンテンツ、読み物、語学学習用のオーディオブックなど約4,000タイトルを小学館、PHP研究所、ダイヤモンド社、プレジデント社など30社から提供を受けた。しかしその後、必ずしも新刊書籍が次々と提供されているわけではない状況である。

　つまり、岩見沢市図書館では図書館内の専用端末での閲覧、生駒市図書館では電子書籍端末の貸出、千代田Web図書館では電子書籍の貸出という非来館者型サービス、とそれぞれ異なったサービスを模索してきたということになる。

3 欧米の e-book

　日本の出版社は図書館向けの電子書籍の提供についてきわめて消極的であるが、欧米の学術出版の世界では電子書籍はすでに市場として成立している。

　例えばエルゼビアのフルテキスト・データベース「サイエンス・ダイレクト」には2,500誌の電子ジャーナルだけでなく、2007年からは電子書籍の提供も開始し、現在は単行本だけで7,000タイトル以上のコンテンツが搭載されている。エルゼビアジャパンによると、電子書籍は1回払いの買い取り制で価格は大学向けの場合、ユーザー数1万人以下であれば冊子体と同じ価格、10,001〜25,000人は冊子体の125%、25,000以上は冊子体の150%という設定になっている。また、企業向けは500人以下で冊子体の200%、501〜2,000人で250%、2,001〜3,000で300%と対象と組織規模に応じた価格体系が採用されている[26]。

　したがって日本の大学図書館や専門図書館で提供されている学術系の電子書籍は海外出版社のものが中心とならざるをえない。図書館で利用可能な和書コ

ンテンツは『日本大百科全書（ニッポニカ）』『日本国語大辞典』『東洋文庫』『週刊エコノミスト』などが搭載され横断検索が可能な辞書・事典検索サイト「JapanKnowledge」（ネットアドバンス、2012年1月10日現在20社、総項目数約218万、総文字数約16億と*27、『現代史資料』（みすず書房）などを提供する「NetLibrary」（EBSCO/紀伊國屋書店、2012年1月1日現在56社3,603タイトル*28）しかないのが現況である。

　ただ米国でも公共図書館における電子書籍貸出しサービスをめぐっては出版社の対応は分かれており、大手出版社グループのHachetteでは2009年に図書館での貸出サービスに電子書籍を提供することを中止するに至っている*29。

5 電子出版ビジネスの進展と図書館の役割

　ここまで見てきたように、出版産業における紙から電子への動向が確実に存在し、図書館界ではオンライン資料を図書館資料として取り扱わざる得ない不可逆的な流れがあり、したがってオンライン資料をめぐる出版界と図書館界の利害調整が喫緊の課題となっていることは明らかであろう。

　2011年9月15日に講談社、集英社、小学館、新潮社、筑摩書房など出版社20社が主体となって作る新会社「出版デジタル機構（仮称）」の設立に合意したとプレスリリースされた*30。これは出版社が共同で日本国内における電子出版ビジネスの市場拡大をサポートするためのインフラ整備を行うというものである。参加各社の出版物デジタルデータの保管業務や各電子書店・プラットフォーマーに向けての配信業務、各社の著作権者への収益分配を支援することなどを基本業務としているが、当面は過去50年間くらいの各社の出版物を一気にデジタル化し、ジュンク堂書店並みの数十万点の電子書籍の品揃えを目標

＊27 ネットアドバンス「JapanKnowledge」 http://www.japanknowledge.com/common/navi/aboutbasicdisplay/index.html（現在、存在せず）

＊28 紀伊國屋書店「NetLibrary」 http://www.kinokuniya.co.jp/03f/oclc/netlibrary/netlibrary_ebook.htm#contents_washo（現在、存在せず）

＊29 Stross, Randall（2011）Publishers vs. Lib.raries: An E-Book Tug of War, New York Times, December 24.2011. https://www.nytimes.com/2011/12/25/business/for-libraries-and-publishers-an-e-book-tug-of-war.html（参照：2024-01-10）

＊30 出版デジタル機構（仮称）設立準備連絡会設立（版元ドットコム 2011/9/15付けの記事）. https://www.hanmoto.com/digital-kikou（参照：2024-01-10）

としている*31。

　そうすると出版デジタル機構によるデジタルアーカイブ化によって、図書館界はどのような影響を受けるだろう。まず考えられることは図書や逐次刊行物などの資料を購入すれば、それがただちに図書館資料になったという時代の終焉である。新聞記事データベースのような契約は想定すれば分かりやすいが、日本国内の電子書籍やデジタル雑誌もこれからは各出版社から個別にコンテンツを購入するのではなく、書籍や雑誌のデータベースとして出版社や出版社団体とのライセンス契約になる可能性がある。すでに大学図書館における電子ジャーナルの契約では、毎年高騰を続ける外国の学術雑誌に対応すべく「共同ライセシング」などバーゲニングパワーの増強による出版社交渉へ向けて動き始めている*32。今後、教育・研究に不可欠な電子情報資源のコレクション形成と保存という課題が和書コンテンツの世界にも起こってくるだろう。

　また商業出版者が刊行する電子出版物は複数のプラットフォームで提供されるのが実態であるから、出版デジタル機構に参加しない出版社の電子出版物を把握する必要もあろう。

　一方、ボーン・デジタルの電子資料の増加は従来の政府刊行物などの「灰色文献」（存在を確認することが難しく、通常の出版物の流通経路では入手困難な資料）の領域をさらに広げることとなり、膨大な情報の中から信頼度の高い情報に利用者がアクセスするために、図書館は新たな任務を担うことになるだろう。

　このような広い意味での書誌コントロール（目録作業や分類作業のように資料を識別同定し、管理し、利用に供するサービス）が電子出版時代の図書館の重要な任務になってくるのである。そこでは雑誌の記事や論文、書籍の章や節の単位でのメタデータの付与など従来の紙媒体を中心とした資料とは異なる資料組織化の手法が必要となってくる。

　また、学術情報を取り扱う大学図書館や専門図書館だけでなく、地域の情報拠点としての公共図書館は地域住民にとって重要なアクセスポイントであり、紙媒体とオンライン資料・ネットワーク系情報資源を使い分ける新たな時代の

＊31 出版デジタル機構「関西出版社向け説明会」2011年11月18日、京都・PHP研究所会議室にて筆者取材
＊32 「大学図書館コンソーシアム連合JUSTICEの誕生：現状とその将来」『カレントアウエアネス-E』.E1189
　　 https://current.ndl.go.jp/e1189（参照：2024-01-10）

それぞれの図書館をデザインする構想力が求められることになる。さらに、これからの探求型学習を支える情報センターとしての学校図書館の役割も重要である。デジタル教科書と電子書籍をリンクさせることによって学校の教育課程の展開に寄与することも可能であろう。

つまり電子書籍に象徴されるオンライン資料の収集・利用・保存はデジタル・ネットワーク社会において図書館が担うべき役割なのである。

6 おわりに——「図書館情報学」から「情報図書館学」へ

「電子書籍時代に図書館が必要なのか」「電子図書館は1つあれば十分ではないのか」という言葉をしばしば耳にする。しかし、じつは電子書籍の時代にこそ図書館が必要なのである。

長尾真・国立国会図書館長は従来の「図書館情報学」はコンピュータ化など図書館を情報化していくことであったが、これからは情報を図書館の観点から組織化し、提供していく「情報図書館学」の時代であると指摘している[33]。

このような情報図書館学の視座から、今日の電子出版ビジネスと図書館の役割について、以下のような結論が導き出されよう。

(1) 日本の出版業界において電子出版ビジネスが本格的に取り組まれつつある。
(2) 紙媒体の資料のデジタル化と電子出版物の流通によって、図書館資料の定義が大きく変わり、図書館では今後、館種を問わずネットワーク情報資源、とりわけオンライン系電子資料の利活用が重要な課題となる。
(3) 紙の本という、いわば情報が搭載されたコンテナーを所蔵する「正倉院」的機能も図書館にとってはもちろん重要だが、利活用されるべきコンテンツのプロバイダーとしての図書館像を新たに創出することが必要である。
(4) 電子出版の時代だから図書館が不要なのではなく、膨大な情報の中から信頼度の高い情報に利用者がアクセスするために、むしろ図書館のはたす役割は広がっていくだろう。

---

[33] 第13回図書館総合展フォーラム「電子書籍時代の図書館—次世代の文化創造に向けて」長尾真「電子書籍の利活用と新たな文化創造—"情報"図書館学の視座（ビデオ出演）」（インタビュー：湯浅俊彦）https://www.youtube.com/watch?app=desktop&v=RIbmnPrDO8M（参照：2024-01-10）

　図書館法の改正によって2012年度より司書資格の省令科目もこれまでの「図書館資料論」から「図書館情報資源概論」に改められ、図書館司書に求められるスキルも電子資料とネットワーク情報資源全般に拡大することになった。図書館に次世代の文化創造に直結していく活動が求められていることは疑いえないのである。

初出誌『情報処理学会誌』53巻12号（2012.12）特集「電子書籍の未来」

第4節 電子出版ビジネスと電子図書館をめぐる政策動向

1 電子出版ビジネスと図書館をめぐる問題の所在

　写本の時代に活版印刷が現れ次第に活版印刷物が主流になったように電子出版の出現もまた著作を伝達し継承し保存していくという観点からすれば新たなそして大きな転換期をもたらすものである。「書き写す」時代から「複製」の時代へそして物質を離れたクラウド・コンピューティングによる出版コンテンツの「巨大データベース」の時代へと歴史的にみれば出版メディアは大きな変貌を遂げつつある。

　そして今日のデジタル化された出版コンテンツの新しい流通は出版ビジネスに寄り添うように進展してきた図書館サービスのあり方をも変えようとしている。公刊されたものを購入し利用者の閲覧や貸出に供するというこれまで当然のように行われてきた近代図書館のあり方がいま問われているのである。

　垂直統合型の電子出版ビジネスあるいは巨大な出版コンテンツのデータベース事業などが進展する中で図書館について「電子図書館が一つあれば図書館は不要になる」あるいは「出版社自らが図書館サービスをやればいい」という見解も現れている。「図書館資料」から「外部サーバへのアクセス」へつまり「所蔵」から「利用」への変化は図書館や出版社の定義そのものを変えようとしているのである。はたしてこれから本格化する電子出版の時代には図書館に代わって出版社が個々の利用者に図書サービスを始めることになるのか。あるいは逆に図書館が出版社の仕事を奪うようなことになるのであろうか。

　本稿では電子出版ビジネスと電子図書館をめぐる最近の国の政策に焦点を当て出版界と図書館界の動向を紹介する。

2 アマゾンアップルグーグルに対抗する国の政策

1 デジタル・ネットワーク社会における出版物の利活用の推進に関する懇談会

　アマゾン、アップル、グーグルなど米国企業による電子書籍流通のプラットフォーム構築の最終的な勝者が、世界中の出版コンテンツを独占するようになるのではないか。つまり日本国内のデジタル化されたコンテンツを米国の企業を通してしか入手することができないという恐れが現実的なものとなってきたのが近年の動向である。とりわけ2005年の「Google Books 著作権訴訟」によって顕在化した世界中の本をスキャニングしてテキストデータ化し検索可能にし利用者に提供していくというビジネスモデルは日本の出版社や図書館にも大きな衝撃を与えることになった。

　そこで日本政府は文部科学省、経済産業省、総務省の三省が中心となり2010年3月に関係者を集めた「デジタル・ネットワーク社会における出版物の利活用の推進に関する懇談会」を開催し、早くも6月には報告書をまとめた[*34]。

　報告書では「デジタル・ネットワーク社会に対応した知の拡大再生産を実現し我が国の豊かな出版文化を次代へ着実に継承しつつ広く国民が出版物にアクセスできる環境を整備することが重要な課題となっている」という状況認識が示され「そのため関係者が広く集まりデジタル・ネットワーク社会における出版物の利活用の推進に向けた検討を行うこと」（p.68）と懇談会発足の目的が書かれている。

　この報告書において図書館における電子出版に係る公共サービスについては次のような2つの「具体的施策の方向性とアクションプラン」が示された。

　「図書館による貸与については様々な考え方があるが今後関係者により進められる図書館による電子出版に係る公共サービスの具体的な運用方法に係る検討に資するよう米国等の先行事例の調査図書館や出版物のつくり手売り手等の連携による必要な実証実験等を実施」。「こうした取組について国が側面支援」（p.59）。

[*34]「デジタル・ネットワーク社会における出版物の利活用の推進に関する懇談会　報告」（2010年6月28日）
https://www.soumu.go.jp/main_content/000075191.pdf（参照：2024-01-10）

また国立国会図書館については「国立国会図書館における出版物のデジタル保存に係る取組を継続・拡充していく必要」（p.57）とされたのである。

2 国立国会図書館の所蔵資料大規模デジタル化と文化庁「検討会議」による著作権法改正

この三省懇の報告書を受けて文部科学省では文化庁が担当となり2010年12月から「電子書籍の流通と利用の円滑化に関する検討会議」を開催した。この検討会議の結果次の3点の条件を付した上で国立国会図書館のデジタル化資料が図書館で利用できる案が示された[35]。

（1）「送信先の限定」（公立図書館大学図書館等）（2）「送信データの利用方法の制限」（プリントアウト不可、ただし可とする意見もあり）（3）「対象出版物の限定」（市場における入手が困難な出版物等）

その後2012年6月20日に参議院本会議において「著作権法の一部を改正する法律案」が賛成多数で可決成立した。これにより国立国会図書館による絶版等資料（絶版等の理由により一般に入手することが困難な資料）の図書館等への自動公衆送信により提供することが可能になった。特筆すべきは当初はプリントアウト不可としていた案が法改正では国立国会図書館から送信を受けた図書館等では現行の著作権法第31条第1項第1号による複製に準じて複製を行うことが可能になった点である[36]。

ここでいう「図書館等」とは著作権法施行令第1条の3により所蔵資料の複製が認められている図書館であり受信先の図書館では「調査研究目的」「一部分」であればプリントアウトができまた国立国会図書館の所蔵冊数を超える同時閲覧も可能となったのである。

国立国会図書館では2009年度従来のほぼ100倍にあたる127億円の補正予算が所蔵資料の大規模デジタル化に充てられることになった。これは先に述べたGoogleによる図書館プロジェクトに対抗した国の政策である。戦前期刊行図

[35] 文化庁「電子書籍の流通と利用の円滑化に関する検討会議報告」p.6
https://www.bunka.go.jp/seisaku/bunkashingikai/kondankaito/denshishoseki/pdf/houkoku.pdf
（参照：2024-01-10）
[36] 著作権法第31条第1項第1号には「図書館等の利用者の求めに応じ、その調査研究の用に供するために、公表された著作物の一部分（発行後相当期間を経過した定期刊行物に掲載された個々の著作物にあっては、その全部）の複製物を一人につき一部提供する場合」と規定されている

書、古典籍資料、官報、学位論文など電子図書館サービスのためのデジタル化を行う一方[37] 2009年に著作権法改正を行って戦後期刊行図書など保存のためのデジタル化も進め[38] 2012年8月31日時点で216万5,000点のデジタル化を完了し館内提供を行いうち41万点はインターネット公開も行っている[39]。

　いわば国民の税金によってデジタル化された国立国会図書館の所蔵資料を国民が利活用するために2013年7月1日施行される今回の著作権法改正の意義は大きい。これまで著作権法の公衆送信権が壁となり著作者の許諾なくデジタルデータを送信することができなかった図書館にとって大きな課題を一つクリアしたと言えるだろう。

　なお政府の知的財産戦略本部が2012年5月29日に策定した「知的財産推進計画2012」には「コンテンツのアーカイブ化とその活用促進」として「国立国会図書館のデジタル化資料について公立図書館などへの配信のための著作権制度上の措置を行うとともに家庭などへの配信に向けた著作権処理の促進に当たりデジタル化資料の管理・流通において課題となる事項の整理などを行うための事業を実施し所要の措置を講ずる。（短期）（文部科学省）」[40]と、今後は家庭などへの配信に向けた著作権処理の促進をも謳っている。

3「電子納本制度」の導入

　一方、対応する紙媒体が存在しない電子出版物すなわちボーン・デジタル（born-digital）出版物の取り扱いが近年クローズアップされてきた。

　例えば科学技術論文が掲載されている雑誌『古河電工時報』の場合2002年7月の110号で紙媒体の発行を中止し以後電子資料（Web）に移行している。具体的には古河電工のウェブサイトにPDFファイルの形でアップロードされ無

＊37 国立国会図書館「資料デジタル化について」
　　 https://www.ndl.go.jp/jp/preservation/digitization/index.html（参照：2024-01-10）
＊38 著作権法第31条第2項に「国立国会図書館においては，図書館資料の原本を公衆の利用に供することによるその滅失，損傷又は汚損を避けるため，当該原本に代えて公衆の利用に供するための電磁的記録（電子的方式，磁気的方式その他人の知覚によっては認識することができない方式で作られる記録であって，電子計算機による情報処理の用に供されるものをいう．第三十三条の二第四項において同じ．）を作成する場合には，必要と認められる限度において，当該図書館資料に係る著作物を記録媒体に記録することができる」と規定された.
＊39 国立国会図書館、同上。
＊40 内閣府知的財産戦略本部「知的財産推進計画2012」p.29.
　　 https://www.kantei.go.jp/jp/singi/titeki2/kettei/chizaikeikaku2012.pdf（参照：2024-01-10）

償で誰でもダウンロードや印刷が可能になっている。ところが国立国会図書館はこれを現行の納本制度では収集することができないのである。

この事態を解決するために2012年6月15日「オンライン資料の収集等に関する国立国会図書館法の一部改正法案」が成立し2013年7月1日から施行されることになった。

その内容は納本制度に準じて私人が出版するオンライン資料について国立会図書館への送信等を義務付け、送信等に関して必要となる費用を補償する。国立国会図書館又は送信等の義務を負う者がオンライン資料を複製することができるように著作権法の改正を行う（著作権法第42条4項）というものである。しかし有償又はDRM（Digital Rights Management System ＝技術的制限手段）が付されたものについては現在費用補償に関する検討等を行っていることから当分の間納本義務を免除することとなった。電子出版のうち商業出版についてはほとんど収集することはできずきわめて不完全な形での出発となったが、制度が作られたことは大きな前進であった。

4 コンテンツ緊急電子化事業と出版デジタル機構

また国費を投じた電子出版ビジネスへの補助も行われた。2011年12月2日経済産業省商務情報政策局文化情報関連産業課が「平成23年度　地域経済産業活性化対策費補助金（被災地域販路開拓支援事業（コンテンツ緊急電子化事業））に係る補助事業者の公募について〈平成23年度第3次補正予算事業〉」を公表し事業総額約20億円補助金額（上限）約10億円の事業を開始したのである。

経済産業省の公募概要は以下の通りである*41。

「中小出版社の持つ東北関連書籍をはじめとする書籍等のデジタル化費用を一部負担することで黎明期にある電子書籍市場等を活性化するとともに東北関連情報の発信被災地域における知のアクセスの向上被災地における新規事業の創出を促進し被災地域の持続的な復興・振興や我が国全体の経済回復を図ることを目的とするものです。」

＊41 平成23年度「地域経済産業活性化対策費補助金（被災地域販路開拓支援事業（コンテンツ緊急電子化事業））」に係る補助事業者の公募について〈平成23年度第3次補正予算事業〉https://warp.da.ndl.go.jp/info:ndljp/pid/3193989/www.meti.go.jp/information/data/c111202aj.html（参照：2024-01-24）

　この事業は一般社団法人日本出版インフラセンターが受託し電子化を行う事業者を差配する中核企業として株式会社パブリッシングリンクが採択されることになった。

　また株式会社出版デジタル機構と契約すれば電子化の費用を出版デジタル機構が立て替えその売上げで相殺するため初期費用が無料になる。コンテンツ緊急電子化事業は経済産業省が進めるのであるから当然税金を投入された事業である。また2012年4月2日に設立された株式会社出版デジタル機構は政府が90%を出資する国内最大級の投資ファンドである産業革新機構から総額150億円の出資を受けている。つまり電子書籍事業に踏み出せないでいる日本の多くの出版社に対して国費を投じ従来の印刷会社による電子化をめぐる市場競争ではなく出版デジタル機構を中心に国内コンテンツの電子化のしくみを整備するということになる。出版デジタル機構は2012年から5年間に100万タイトル2,000億円の電子書籍化を目標に掲げているがコンテンツ緊急デジタル化事業と官民ファンドの出資はまさに追い風となったのであった。

　2012年5月29日に策定された内閣府知的財産戦略本部による「知的財産推進計画2012」には「株式会社出版デジタル機構の創設を始めボーン・デジタルを含む電子書籍市場の進展を踏まえ民間事業者による協同の取組に対する支援を通じて著作物のデジタル化やコンテンツ流通の一層の促進を図る。(短期・中期)(総務省経済産業省)」[42]と明記されている。

3 電子出版ビジネスと電子図書館の利害調整

　以上見てきたように出版ビジネスと図書館事業に対する国の支援が積極的に提起されたことは「Google Books 著作権訴訟」以降の大きな変化であろう。

　出版ビジネスが電子出版に下支えされながら進展していくことと図書館が電子出版時代に新たな役割を担っていくことは出版界と図書館の双方にとって必要なことだろう。出版界にとっては電子出版の時代になっても編集過程を経た出版コンテンツを創出していくことが重要であることは変わりない。また膨大な電子資料の書誌コントロール(目録作業や分類作業のように資料を識別同定

し管理し利用に供するサービス）がこれからの図書館の重要な任務になることも不回避であろう。そこでは雑誌の記事や論文書籍の章や節の単位でのメタデータの付与など従来の紙媒体を中心とした資料とは異なる資料組織化と利用者サービスが求められる。

　つまり、出版界と図書館界がそれぞれの特性を活かし、今後の電子出版ビジネスと電子図書館機能を進展させていくことが、次世代の文化創造にとって重要なのである。

〈参考文献〉
湯浅俊彦：電子出版学入門　改訂2版、出版メディアパル、（2010）
現在は、同社から後継書として『電子出版概論』が発行されている。

初出誌『立命館文学』630号（2013.3）

第**5**節

電子化する書物と文学作品
──電子納本制度への道筋

1 書物の歴史とデジタル・ネットワーク社会

　人類は文字をさまざまな媒体に記録してきた。メソポタミアの粘土板、エジプトのパピルス、中国の竹簡や木簡、インドなどで用いられた貝多羅葉（ばいたらよう）というように、人々は書物の原型となるさまざまな書写材料に文字を記録し、テクスト＝原典を保存し、伝えてきた。その後、ヨーロッパでは羊皮紙が用いられ、折って綴じる冊子体の書物が誕生する。一方、東アジアでは後漢の時代に蔡倫が製紙法を発明したと伝えられており、この製紙法がイスラーム社会からヨーロッパに広がり、書写材料にもっとも適した今日の紙の図書が一般化することになった。また、東アジアを中心とする漢字文化圏では木版印刷の長い歴史がある。

　書物の文化における文明史的事件は1455年頃、ドイツのグーテンベルクによる活版印刷術の発明である。同じテクストを大量に印刷することを可能にしたという意味で、まさに人類にとって革命的な出来事であった。グーテンベルクが印刷したといわれる『42行聖書』は、新しい技術としての印刷術が社会を大きく変えていく上で象徴的な図書なのである。よく知られているように活版印刷術の伝播により、今日の書物の体裁が整い、音読から黙読への移行が見られるようになり、なによりもルターによる聖書のドイツ語訳、そして宗教改革へとつながっていくのである。

　ところで、今日ではこれまでの「活字文化」に対して「デジタル・ネットワーク文化」とでも呼ぶべき新たな文化状況が出現し、「電子書籍」に代表されるオンライン系電子資料が登場して、紙の書物の地位を相対化しつつある。ち

ょうど写本の時代に活版印刷が現れ、次第に活版印刷物が主流になったように、電子出版もまた、著作を伝達し、継承し、保存していくという観点からすれば新たな、そして大きな転換期をもたらすものである。「書き写す」時代から、「複製」の時代へ、そして物質を離れたクラウド・コンピューティングによる出版コンテンツの「巨大データベース」の時代へと、歴史的にみれば出版メディアは大きな変貌を遂げつつあるといえよう。

本稿では、デジタル・ネットワーク社会における出版コンテンツの新たな流通と図書館との関係について考察する。すなわち出版コンテンツの生産・流通・利用・保存に関して、これからの図書館がはたすことになる新たな役割を検討し、人類の著作の継承という重要な事業の方向性を示すのが本稿の目的である。

2 電子化する書物

人類の知的遺産は長く写本によって伝えられてきた。例えば、『プラトン著作集』の伝承は次のような経緯をたどっている[43]。

……二千数百年前に書かれたものが今日まで伝えられることの困難は容易に想像できよう。さしあたり伝承媒体で見れば、おおよそ最初の1000年間はパピュロスに筆写された古代巻子本、つづく1000年間は羊皮紙に筆写された中世冊子本によって、ようやくグーテンベルクの時代にたどり着くのである。この間、とりわけパピュロスの耐久性は脆弱であったから、初期の1000年ほどは、少なくとも100年に一度くらいの割で、どこかで新たに筆写されることが系統的に連続しなければ、その中途で湮滅していたはずである。同じギリシア哲学分野から一、二の例をあげれば、われわれの手にしうる『アリストテレス全集』とは、実際には、複雑な経路を辿って伝わった彼の「講義ノート集」のようなものだけと言っていい。比較的若いころに彼が公刊した多数の著作は、(紀元後1世紀のキケロなどが熱

＊43 内山勝利 (2003)「『ステファヌス版』以前以後—『プラトン著作集』の伝承史から」『京都大学附属図書館報 静脩』40巻2号、p.3 https://repository.kulib.kyoto-u.ac.jp/dspace/bitstream/2433/37717/1/s400201.pdf（参照：2024-01-10）

心に読んでいたことまでは分かっているにもかかわらず）すべて失われた。

　つまり人類の書物史における写本の時代はきわめて長く、写本によって著作が後世に伝わってきたのである。一方、活版印刷の時代は始まってまだ600年に満たない。また実態としては「活版印刷」の時代はほぼ終焉しているといってよい。なぜなら今日では電算写植等のコンピュータ技術を利用した印刷に移行し、活字による組版はほとんど姿を消しているからである。そして近年、世界的規模で進展しつつあるのが電子出版である。

　電子出版とは、デジタル化された出版コンテンツをパッケージ系電子メディアやネットワーク系電子メディアを用いて読者に著作物として頒布する行為、と定義づけることができる。

　これまでのパッケージ系メディアである図書や雑誌に加えて、電子メディアとしての CD-ROM が登場したのが日本では1985年のことであった。この年に三修社が『最新科学技術用語辞典』を発売し、日本における CD-ROM の商品化第1号となったのである。それから2年後の1987年に岩波書店が『広辞苑』CD-ROM 版を発売したことで、広く社会に認知された。そして1995年、新潮社が CD-ROM 版「新潮文庫の100冊」を発売した。これは新潮社が毎年夏にキャンペーンを行っている「新潮文庫の100」に選ばれた作品を中心に、名作100作品117冊34,911ページの全文を1枚の CD-ROM に収録して、価格を1万5,000円（税別）で販売したものであり*44、1作品150円（税別）で読むことができると話題を呼んだ。

　一方、著作権が消滅し、パブリックドメイン（public domain ＝著作者の排他的な権利が主張できない、誰でも自由に利用できる状態）に帰した文学作品を収集・公開するインターネット上の無料サイト「青空文庫」が、1997年にその活動を開始している。青空文庫は日本における一般読者への電子書籍の認知に大きな影響を与えたのである。

　今日ではパッケージ系電子メディアとしての CD-ROM だけでなく、ネットワーク系電子メディアとしての電子書籍、電子ジャーナルやデジタル雑誌など

---

*44 ウィキペディア　CD-ROM『新潮文庫の100冊』https://ja.wikipedia.org/wiki/%E6%96%B0%E6%BD%A
E%E6%96%87%E5%BA%AB%E3%81%AE100%E5%86%8A

が出版ビジネスとして成立し、図書館界にも大きな影響を与えるようになってきている[*45]。

例えば2007年に亡くなった作家の小田実の全集についてみてみよう。講談社は2010年からPCとiPhone向けに電子書籍として『小田実全集』（全82巻）の刊行を開始した。そして紙の本で読みたい読者には「オンデマンド出版」と呼ばれる、注文に応じてその都度、印刷・製本する方式で対応したのである。電子版が全82巻で7万5,000円（税別）という価格であるのに対して、紙版は30万7,000円（税別）と4倍以上も高くなっている[*46]。

通常、著名な作家が亡くなり著作集が刊行された場合、都道府県立の図書館や各市の中央図書館はその蔵書に加えることが当然のように行われていた。『小田実全集』の場合はオンデマンド出版によって紙版の入手可能性も確保されていたが、その後に続く『ノベリスク五木寛之』（講談社、2011年刊行開始）や『三浦綾子全集』（小学館、2013年刊行開始予定）では電子書籍のみの発行となっている。

このように生まれながらにして電子出版である、いわゆる「ボーン・デジタル（Born-digital）出版物」の増加に図書館はどのように対応することになるのであろうか。従来から新設の公共図書館で新たに蔵書を形成する際、過去に出版された個人著作集などが出版社に在庫がないため、欠本が生じ、収集しづらいといった悩みを抱えてきたが、電子書籍化の動向は、そもそも「紙版での発行がない」という事態を生み出したのである。長期的に見れば、紙媒体で発行される出版コンテンツは減少していくことだろう。

つまり出版ビジネスの変化は、図書館の資料収集・提供機能に変化をもたらさざるを得ないということである。従来であれば、作家が雑誌に小説作品を連載し、それが単行本化され、文庫となり、著作集に収録されるといった一つの出版サイクルが存在した。文学研究の視点からいえば「初出―初刊単行本―改定本―全集」ということになる。

[*45] 電子ジャーナル」は図書館情報学や大学図書館現場では電子化された学術雑誌を指す用語として定着しており、一方「デジタル雑誌」は近年、雑誌を電子化して配信するようになってきてから業界で呼ばれている名称で、電子化された一般誌を指している。

[*46] 『小田実全集』公式サイト「電子書籍版、オンデマンド版について」
http://www.odamakoto.jp/edition.html（参照：2024-01-10）

そこで出版ビジネスの産業的実態に対応して図書館ではその基本的な収集方針として、同じ著作者の同一タイトル作品であっても雑誌、単行本、文庫、著作集と外形式が異なれば、そのそれぞれを収集してきたわけである。

ところが今日では最初から文庫や新書の形態で発刊され、比較的短期間で品切れや絶版になってしまう出版コンテンツが数多く存在し、その一方でそれらを電子書籍化する動きも顕著である。また休刊した雑誌、例えば『歴史と旅』（秋田書店）の記事を大日本印刷が運営するケータイ電子書籍サイト「よみっち」で配信するなど、新たな出版コンテンツの流通経路が誕生している[*47]。

3 出版コンテンツの新たな流通と文学作品

さらに作家らが自ら電子書籍の販売サイトを立ち上げる動きも進展している。

瀬名秀明や桜坂洋による iPad、iPhone 向け電子書籍販売サイト「AiR」は新作小説、エッセイ、評論を発表し、場合によっては紙の書籍化するという新たな作品発表システムを形作っている。その設立趣旨は次の通りである[*48]。

> 本が実体から解放され、もはや流通と頒布の手段が、作品の発表のハードルではなくなった。これこそが電子書籍の魅力ではないかと自分は思います。これが一番の魅力であるならばどんなことがやれるようになるんだろう。今までになかったようなことが出てくるんじゃないだろうか。その答えを見つけようとして、とにかくまずやってみたのがこの「AIR［エア］」です。

また、作家の村上龍は自ら電子書籍制作会社「G2010」を設立し、芥川賞受賞作の『限りなく透明に近いブルー』などを電子書籍化したが、制作会社設立の経緯を、次のように書いている[*49]。

＊47 大日本印刷2009.5.11付けプレスリリース「休刊雑誌の電子書籍コンテンツ化、携帯や DS で配信　秋田書店と」
www.dnp.co.jp/news/1205146_2482.html（現在、存在せず）
＊48 電子書籍 AIR X公式アカウント https://twitter.com/AiRlogue（参照：2024-01-10）
＊49 村上龍「G2010設立の理由と経緯」『Japan Mail Media』2010.11.1.
http://ryumurakami.jmm.co.jp/g2010.html（現在、存在せず）

　わたしは、電子書籍の制作を進めるに当たって、出版社と組むのは合理的ではないと思うようになりました。理由は大きく2つあります。1つは、多くの出版社は自社で電子化する知識と技術を持っていないということです。「出版社による電子化」のほとんどは、電子化専門会社への「外注」です。わたしのアイデアを具体化するためには、まず担当編集者と話し、仲介されて、外注先のエンジニアに伝えられるわけですが、コストが大きくなり、時間がかかります。『歌うクジラ』制作チームの機動力・スピードに比べると、はるかに非効率です。2つ目の理由は、ある出版社と組んで電子化を行うと、他社の既刊本は扱えないということでした。いちいちそれぞれの既刊本の版元出版社と協力体制を作らなければならず、時間とコストが増えるばかりです。

　そこで村上龍は小説作品のために音楽家の坂本龍一に作曲を依頼し、音楽とアニメーションを加えた文字情報、音声情報、映像情報を併せ持つ「リッチコンテンツ」としての電子書籍作品『歌うクジラ』を制作するのである。この「G2010」には趣旨に賛同して瀬戸内寂聴や吉本ばななも作品を提供している[50]。

　このような事態は、近代日本の小説作品が出版社による刊行を前提として書かれ、取次や書店という近代出版流通システムによって読者に購われ、読まれてきたことが今や「空洞化」していることを意味している。出版社が担ってきた編集機能は、校正や校閲だけでなく、どの著者に何を書いてもらうのか、またどのくらいの分量で、刊行のタイミングはいつか、といったプロデュース的機能を担ってきた。ところが紙の本が持っていた制約、すなわち初版3,000部の書物をいかに書店に配本するのかといった「物」流を前提とした近代出版流通から、電子メディアのような「情報」流のポスト近代の出版コンテンツ流通システムへ移行すると、生産段階にも大きな変容をもたらすようになったのである。

　かくして著作者が生産した著作を直接、読者に届ける新たな動向は、出版社の編集機能、取次の配本機能、書店の販売機能がなくても読者に届けられると

---

[50] 例えば、瀬戸内寂聴の書下ろし小説『ふしだら』では編曲家・船山基紀の「書き下ろし音楽」が最終章に加わっている。「G2010」ホームページ。http://g2010.jp/（現在、存在せず）

いう出版流通上の「中抜き」現象を惹き起こし、一つの出版経路として定着することになった。そこではどれだけ著名な作家であっても、販売見込みによって印刷する初版部数が異なるといった「制作冊数」の概念はなく、無名の作家と同じスタートラインに立ち、最初は0冊からスタートし、購入されるたびにその部数がカウントされる販売システムが適用される。

　このような出版物の生産や流通システムの変容の中で、もし図書館が紙版の出版物しか収集せず、電子版は図書館の収集対象ではないという収集方針を採用するとすれば、図書館は紙の本や雑誌を保管する「正倉院」的存在となり、現在の利用者ニーズとはかけ離れていってしまうだろう。

4 ケータイ小説と「電子納本制度」

　インドの著名な図書館学者ランガナタンが1932年に発表した『図書館学の五法則』（『The Five Laws of Library Science』）ではその第5法則として「図書館は成長する有機体である」（"Library is a growing organism"）と述べているが[51]、それはまさに今日的に言えば新たなメディアを図書館資料として取り込んでいくことで、今日の機関としての図書館が成長していくことだろう。有機体として生物は成長を止めたとき硬直化し、死滅するのである。

　日本では2008年の「図書館法」改正により、2012年度から適用された「図書館法施行規則」に基づき、図書館司書資格科目「図書館資料論」が「図書館情報資源概論」に変更された。そこには省令科目として「印刷資料・非印刷資料・電子資料とネットワーク情報資源からなる図書館情報資源について、類型と特質、歴史、生産、流通、選択、収集、保存、図書館業務に必要な情報資源に関する知識等の基本を解説する」と科目概要が定められている[52]。すなわち図書館員に求められるスキルもネットワーク情報資源の取り扱い全般に拡大し、図書館は図書や、雑誌や年鑑などの逐次刊行物だけでなく、広く「情報」

＊51 ランガナタン／竹内悊解説『図書館の歩む道：ランガナタン博士の五法則に学ぶ』日本図書館協会、2010、p.17
＊52 これからの図書館の在り方検討協力者会議『司書資格取得のために大学において履修すべき図書館に関する科目の在り方について（報告）平成21年2月』
https://www.mext.go.jp/component/b_menu/shingi/toushin/__icsFiles/afieldfile/2009/09/16/1243331_2.pdf（参照：2024-01-10）

を取り扱う施設と規定されるのである。

　図書館におけるデジタル化の流れを見ると、(1) 本を探すための目録類のデジタル化、(2) CD-ROM 検索やオンライン検索への進展、(3) CD-ROM などパッケージ系電子出版物の収集、(4) 図書館の所蔵資料のデジタル化とインターネット公開、(5) 電子書籍、デジタル雑誌などオンライン系電子出版物の閲覧、貸出、保存、という順に進展してきた。

　そこで現在、問題になっているのが、オンライン系電子出版物の収集である。すでに『小田実全集』などの事例を挙げたが、それではケータイ小説の場合はどうであろうか

　携帯電話を使って小説を書いた「ケータイ小説家」の誕生は2005年に刊行された『天使がくれたもの』(スターツ出版) で Chaco がデビューしたときだという*53。ホームページ作成サービスを行っていた「魔法のiらんど」に「BOOK」(小説執筆機能) と呼ばれるサービスが提供されたのは2000年3月からである。ケータイを使って簡単に小説作品を書くことのできるこのサービスは急速に人気を増し、多くのケータイ小説が「魔法のiらんど」にアップロードされることになった。

　インターネット上で無料で読むことができるにもかかわらず、「魔法のiらんど」のケータイ小説が書籍化された最初のきっかけは、熱烈な読者が出版社に泣きながら電話をかけてきて「出版してほしい」と訴え、それが実現したからである*54。魔法のiらんどの最初のケータイ小説『天使がくれたもの』は2005年に刊行され、47万部が販売された。その後、2006年に刊行され大ヒットした『恋空〜切ナイ恋物語』(美嘉著、スターツ出版) の200万部をはじめ、書籍化された小説は数多い。さらに『恋空』は2007年に映画化され、2008年にはTBS系で連続テレビドラマとして放映されるなど、この時代を語る上では欠かせない文芸作品であろう。

　ところが筆者が2008年9月に行った「魔法のiらんど」へのインタビュー調査では、「魔法のiらんど」に投稿され、アップロードされているケータイ小

---

*53 七沢潔「表現メディアとして展開するケータイ〜ケータイ小説流行の背景を探る」『放送研究と調査』2007年5月号、p.17
*54 『電子書籍の流通・利用・保存に関する調査研究』国立国会図書館、2009、249-251頁。https://current.ndl.go.jp/wp-content/uploads/mig/report/no11/lis_rr_11_rev_20090313.pdf (参照：2024-01-10)

説は、常にユーザである作家が編集・削除可能な状態にあることが分かった[55]。

　どの時点で作品が完全に完結し、保存するべきかの判断は、作家であるユーザに一任している、というのが「魔法のiらんど」の見解である。つまり作品は作家自身が管理運営するホームページ上で公開されているので、作家自身がいつでも作品を書き始めたり、また書き直したりすることが可能である。作品がすべて完結してから公開する場合と、途中段階のものでも随時公開していく事例などさまざまである。またひとつの作品を公開し、それにまつわるサイドストーリーや続編を公開する作者も多い。

　このような事態は文学研究において、いわゆる生存している作家はテクスト＝本文（ほんもん）が確定しないといったレベルのものではない。毎日、というより毎分ごとに加筆や削除が繰り返される小説作品データベースが実在していることを意味しているのである。「魔法のiらんど」で読むことのできる小説作品のデータベース「BOOKナビ」では、2012年10月5日現在で16万9,397作品が掲載されているが[56]、そこに収録されている作品はまるで株価のようにその時々で変動するデジタル情報となっているのである。

　それでは後世の文学研究者は、紙媒体でわずかに遺されたケータイ小説作品しか読むことはできないのであろうか。

　筆者もその審議に加わった国立国会図書館の納本制度審議会では2010年6月7日、「答申　オンライン資料の収集に関する制度の在り方について」を国立国会図書館長に手交し、いわゆる「電子納本制度」の導入への道筋を次のように示した[57]。

　　（略）今日オンラインによる出版は、知識・情報の主要な流通形態になっており、私人の出版物を文化財として蓄積し、今日及び将来の人々の利用に供す役割をもつ国立の図書館にあって、オンラインの出版物を収集、蓄積しないことは、納本制度の目的を果たすことができない。また、オン

＊55 同上。
＊56「魔法のiらんど」https://maho.jp/（参照：2024-01-10）
＊57 国立国会図書館・納本制度審議会「答申　オンライン資料の収集に関する制度の在り方について」（2010年6月7日）p.31
　　 https://www.ndl.go.jp/jp/collect/deposit/council/s_toushin_5.pdf（参照：2024-01-10）

ラインの出版物は、紙媒体など有形の著作物と比較し、きわめて脆弱な出版形態であり、消去等で失われやすいだけでなく、技術環境の発展、変化等によって再現性の確保が困難となることが考えられる資料群である。また、デジタル資料の特徴として、内容の変更、追加修正、複製、改ざん等が容易であることもあり、公的な機関が収集保存することによる真正性の確保も求められる。館が、国の出版文化を包括的に収集し、保存する機関として、このようなオンライン資料を制度的に収集することは、我が国の出版文化の保存にとっても重要な意義をもつものであり、早急に取り組むべき課題だと考えられる。

そしてオンライン資料、すなわち「ネットワーク系電子出版物のうち、インターネット等により利用可能になっている情報で、図書、逐次刊行物に相当する情報」について、国立国会図書館が制度的な収集を行うべきであると答申したのである。

この答申にもとづいて「オンライン資料の収集等に関する国立国会図書館法の一部改正法案」が2012年6月15日に成立し、2013年7月1日から施行されることになった[58]。

その内容は、現行の納本制度に準じて、私人が出版するオンライン資料について、国立国会図書館への送信等を義務付け、送信等に関して必要となる費用を補償する。国立国会図書館又は送信等の義務を負う者が、オンライン資料を複製することができるように著作権法の改正を行う（著作権法第42条4項）というものである。しかし、有償又はDRM（Digital Rights Management System＝技術的制限手段）が付されたものについては、現在、費用補償に関する検討等を行っていることから、当分の間、納本義務を免除することとなった。電子出版のうち有償の商業出版についてはほとんど収集することはできず、きわめて不完全な形での出発となったが、制度が作られたことは大きな前進であった。

---

[58] 国立国会図書館2012年6月15日付けプレスリリース「オンライン資料の収集等に関する国立国会図書館法の一部改正について」
https://www.ndl.go.jp/jp/news/fy2022/__icsFiles/afieldfile/2022/05/26/pr220526_01.pdf（参照：2024-01-10）

5 図書館の普遍性と新たな図書館像の構築に向けて

　今日のデジタル化された出版コンテンツの新しい流通は、出版ビジネスに寄り添って進展してきた図書館サービスのあり方をも変えようとしている。公刊されたものを購入し、利用者の閲覧や貸出に供するという、これまで当然のように行われてきた近代の図書館のあり方が、いま問われているのである。

　垂直統合型の電子出版ビジネス、あるいは巨大な出版コンテンツのデータベース事業などが進展する中で、「出版社自らが図書館サービスをやればいい」という見解も現れている[*59]。「図書館資料」から「外部サーバへのアクセス」へ、つまり「所蔵」から「利用」への変化は、図書館や出版社の定義そのものを変えようとしているのである。

　しかし、図書館のもっている著作の保存と継承という機能は、メディアの変遷にかかわらず不変／普遍である。いわば出版界だけでなく、非商業出版物も含めたあらゆる著作のセーフティネットとしての図書館の保存機能がデジタル・ネットワーク社会であればこそ、ますます必要になってくる。

　国立国会図書館によるオンライン資料の制度的収集、すなわち「電子納本制度」は単に著作を収集するだけではなく、メタデータを付与し、検索可能性や真正性の確保という重要な機能をはたすだろう。デジタル・ネットワーク社会における出版コンテンツの生産・流通・利用・保存の全般にかかわる新たな図書館像の構築は、いま始まったばかりである。

＊59 例えば、筆者がコーディネーターとなって2011年7月9日開催した「本の学校・出版産業シンポジウム」の第4分科会「電子図書館の現状と出版産業のこれから」において、のちに出版デジタル機構の会長になる植村八潮氏は会場から次のような発言をしている 。

「……図書館に行かなければ資料が提供できなかった時代ではなく、図書館に行かなくても資料が提供できるんだという考えになった段階で、図書館の位置づけや役割が変わる。それはむしろ出版社が自ら家庭に向けて提供すればいい。つまり、家庭において本が借りられるというのは、チャンネルが変わった。それは出版社が自らやろうとする、ビジネスチャンスが間違いなくあります。それは出版社自らが図書館サービスをやればいい」（本の学校編『書店の未来を創造する─本の学校・出版産業シンポジウム2011記録集』2012.7、出版メディアパル、p.175）

第**6**節 電子出版の
現状とこれからの
学校図書館

初出誌『学校図書館』767号（2014.9）

1 変容する出版メディア

　「小田実、三浦綾子、開高健―この3人の作家たちに共通することはなにか？」と問われたら、あなたはどのように答えるだろう。

　正解は、「最近、全集が電子書籍で刊行された作家たち」である。

　開高健は1989年、三浦綾子は1999年、小田実は2007年にそれぞれ亡くなっており、すでに紙媒体では『開高健全集』全22巻（新潮社、1991年11月～1993年9月）、『三浦綾子全集』全20巻（主婦の友社、1991年7月～1993年4月）などが刊行されているが、小田実の場合は主要な著作を網羅する初の本格的な個人全集である。

　2010年6月に刊行が始まったこの『小田実全集』は2014年5月に4年の歳月をかけて完結したが、特徴的なのは電子書籍版とオンデマンド版で同時出版するという日本の出版業界では初めての試みであったことである。収録作品の半数以上が絶版である現在、作家の集大成が電子書籍、オンデマンド出版により蘇ったのである*60。

　また2012年10月から刊行が開始された『三浦綾子電子全集』の場合、三浦綾子記念文学館所有の秘蔵写真、夫である三浦光世氏が見た創作秘話など、多くの巻に追加編集の項目が入っており、紙媒体をそのまま電子化しただけではない*61。2013年5月刊行開始の『開高健電子全集』も、各巻に生原稿や当時の

＊60 講談社「小田実全集」http://odamakoto.jp/（参照：2024-01-10）
＊61 小学館「三浦綾子電子全集」https://ebook.shogakukan.co.jp/miura-ayako/（参照：2024-01-10）

担当編集者の解説が付く[62]。

　今後、作家が亡くなり、個人全集が企画された際、紙媒体で刊行されることはほとんどないだろう。なぜなら研究者などごく一部を除き、紙媒体の個人全集を購入する読者はほとんどなく、図書館市場だけをターゲットに出版社が刊行できるほどの購買力を日本の図書館はもたないからである。

　しかし、これは個人全集に限ったことではない。百科事典、法典、判例、統計、学術論文など、電子媒体が主で、紙媒体が従、あるいは紙媒体がそもそも発行されないというデジタル・ネットワーク社会における出版メディアの変容が今日、私たちの眼前で繰り広げられているのである。

　それではこのような電子出版の動向は学校図書館にどのような影響を及ぼすのであろうか。

2　電子出版と図書館における電子資料の活用

　電子出版について語られるときにしばしば重要視されるのが、デバイスの問題である。例えば、『三浦綾子電子全集』では、「電子書籍専用端末、スマートフォン、タブレット端末、PC、従来の携帯電話。主要電子書店でお買い求め頂けます」とある[63]。これは小学館が提供する電子書籍がさまざまなプラットフォームで購入が可能であり、いろいろなデバイスで読むことができることを意味している。しかし、その一方で紙媒体とは決定的な違いがある。例えばアマゾンの Kindle では利用規約に次のように書かれている[64]。

　「Kindle コンテンツのダウンロードおよび当該料金（適用される税金を含む）の支払いが完了すると、当該コンテンツプロバイダーからお客様に対して、Kindle やリーダーアプリケーションまたはその他本サービスの一部として許可される形で、Kindle ストアより指定された台数の Kindle または対象機器上でのみ、お客様個人の非営利の使用のみのために、該当のコンテンツを回数の制限なく閲覧、使用、および表示する非独占的な使用権が付与されます。

＊62　小学館「開高健電子全集」https://ebook.shogakukan.co.jp/kaiko/（参照：2024-01-10）
＊63　小学館「三浦綾子電子全集」https://ebook.shogakukan.co.jp/miura-ayako/（参照：2024-01-10）
＊64　アマゾンジャパン「Kindle 利用規約」https://www.amazon.co.jp/gp/help/customer/display.html?nodeId ＝ 201014950（参照：2024-01-10）

Kindle コンテンツは、コンテンツプロバイダーからお客様にライセンスが提供されるものであり、販売されるものではありません。」

　つまり、読者が購入しているのは、データ自体ではなく、その利用を認めるライセンスにすぎない、ということである。

　つまり、これはあくまで個人向けに設定されたビジネスモデルなのである。それでは図書館は電子資料にどのように対処すればよいのだろうか。

　現在、日本国内の公共図書館が提供する電子書籍サービスは、（1）館内閲覧（館内の特定の PC 端末で電子書籍を読むことができる）、（2）デバイス貸出（iPad などを借りて、電子書籍を読むことができる）、（3）館外貸出・館外閲覧（自宅にいながら電子書籍を読むことができる）、（4）館内デバイス体験（館内で iPad などを借りて読むことができる）、（5）電子書籍の制作（紙媒体の著作を図書館が電子書籍化し、読むことができる）、などがある。

　このうち電子書籍の貸出サービスを行っている図書館は、2007 年 11 月から提供を開始した「東京都・千代田区立図書館」、2011 年 1 月からの「大阪府・堺市立図書館」など 30 館程度である。

　千代田区立図書館の「千代田 WEB 図書館」ではパソコンの利用を前提とし、「XML タイプ」「PDF タイプ」「Flash タイプ」の 3 種類の形式の電子書籍が提供されているが、すべて専用リーダをダウンロードしなければ読むことはできない[65]。また堺市立図書館では Windows パソコン、iOS 端末、Android 端末のいずれかで利用できるが、やはり読む前に専用リーダである「Wbook ビューワ」をダウンロードする必要がある[66]。しかし、堺市立図書館が導入している TRC-DL（図書館流通センター・デジタルライブラリー）では、2014 年 7 月からブラウザや OS に依存せず、アプリのインストールなども不要なブラウザ型ビューワ「BinB」を採用し、利用者の利便性を著しく向上させている。また TRC-DL では、従来の紙の紙面をそのまま表示する「フィックス型」だけでなく、テキスト主体の「リフロー型」や、音声・動画を組み込んだ「リッチコンテンツ型」に対応し、さらに学校限定で読み放題を実現するラインセンス契約も導入し、約 12,000 タイトルのコンテンツを提供している。

＊65 今日ではビューワは不要となっている。
＊66 堺市立図書館「よくある質問：電子図書館（電子書籍提供サービス）について」https://www.city.sakai.lg.jp/kosodate/library/faq/75654120211116151035118.html（参照：2024-01-10）

　学校図書館における電子資料の活用について考える際に最も重要な点は、デバイスの問題に引きずられないことである。つまり学校図書館の場合、教科の学習との関係をつねに意識し、できる限りブラウザや OS に依存しない電子書籍の利用を考える必要があるだろう。

3　変わる教育と学校図書館における電子資料の活用

　新しい情報技術が教育の現場を大きく変えつつあることは周知の通りである。
　例えば、学校法人立命館に限定しても2013年から2014年にかけて、小学校、中学校、高等学校における ICT 活用が次のように展開されている。

（1）立命館小学校による Surface を活用した「21世紀型スキル」育成

　2013年11月、立命館小学校では4年生、5年生約240名にマイクロソフト製タブレット Surface を1人1台使用した教育をスタートさせた。Surface が搭載している Microsoft Office がビジネスや学術研究の場において主に活用されていることから、ICT 教育の基礎・基本は Microsoft Office であるとし、Word を活用した作文・英作文の作成、PowerPoint を活用したプレゼンテーション技能の習得、Excel を活用したデータ処理等のスキルを学ぶ。デジタル教科書の利用とともに、このような21世紀型スキルの育成強化を図ることがすでに小学校で展開されているのである[67]。

（2）立命館宇治中学校・高等学校における kobo Touch を活用した「朝読」

　2013年4月、立命館宇治中学校・高等学校では楽天から寄贈を受けた電子ブックリーダー「kobo Touch」約1,600台を活用した読書活動をスタートさせた。特に中学校では基礎学習の「スタディスキル」として「読書力」を掲げ、3年間で100冊2万ページを読了することを目指しているが、1人1台配布された「kobo Touch」により、一層の読書冊数と読書時間の増加を期待している。また、授業での利用も検討しているのである[68]。

---

*67 「小学校からタブレットで楽しくスキルアップ! 立命館小学校とマイクロソフトとの協働による ICT 授業づくりについて」立命館小学校・日本マイクロソフト株式会社2013年11月5日付けプレスリリース
https://news.microsoft.com/ja-jp/2013/11/05/2013-41/ （参照：2024-01-10）

（3）立命館守山中学校・高等学校における iPad を活用したアダプティブラーニング

　2014年4月、立命館守山中学校・高等学校では中学校・高等学校1年生全員と担当教師、合わせて約500名が iPad を持ち、電通国際情報サービスと提携して、クラウドと SNS を用いるアダプティブラーニング（適応学習＝個々の生徒の学習進行度に合わせて、適切な問題を最適なタイミングで提供する教育手法）を英語と数学の2教科からスタートした。教材は数研出版から提供を受け、対象教科や教材提供元は、段階的に拡充していく計画である[69]。

　このような取組みは当然のことながら、学校図書館に大きな影響を与えざるを得ない。すなわち学校図書館には従来の「読書センター」的機能だけでなく、「情報センター」的機能が強く求められ、まさに迅速に対応する必要がある。上記3校の図書館では、授業で図書館を活用するスタイルが定着しているが、これは学校図書館の持つ機能を「情報センター」としてとらえているからである。

　根本彰は、その著書『理想の図書館』において、次のように書いている[70]。

　「例えばアメリカの学校にはメディアスペシャリストと呼ばれる専門職が置かれ、学校図書館で図書などの文献管理を行うだけでなく、学習内容に合わせて教員の教材作成の支援や外部の専門機関との連携、子どもたちの研究調査への支援を行っている。学校における知識情報管理を行う存在である。」

　学校図書館が「教育課程」に寄与することは当然のことである。日本においても「学校図書館法」第2条に「図書、視覚聴覚教育の資料その他学校教育に必要な資料（以下「図書館資料」という。）を収集し、整理し、及び保存し、

＊68「立命館宇治中学校・高等学校、電子ブックリーダー約1600台を導入」立命館宇治中学校・高等学校・楽天株式会社2013年2月15日付けプレスリリース
https://corp.rakuten.co.jp/news/press/2013/0215_01.html（参照：2024-01-10）
＊69「立命館守山と ISID、クラウドと SNS を活用したアダプティブラーニング（適応学習）の実践プロジェクトをスタート〜全国で初めて学校現場に導入、産学協同で新たな学びのスタイルを創造〜」2014年5月15日付け立命館守山中学校・高等学校・株式会社電通国際情報サービスプレスリリース
https://www.u-presscenter.jp/article/post-32642.html（参照：2024-01-10）
＊70 根本彰『理想の図書館とは何か─知の公共性を巡って─』ミネルヴァ書房、2011年、p.15

これを児童又は生徒及び教員の利用に供することによって、学校の教育課程の展開に寄与する」という文言がある。しかし、現在の日本の学校図書館は教育課程の展開にどれほど寄与しているだろうか。

4 デジタル・ネットワーク社会における学校図書館の役割

　少なくとも前述の「学校図書館法」第2条にある「図書館資料」という概念は、印刷資料や非印刷資料だけでなく、電子書籍などの電子資料、あるいはネットワーク情報資源に拡大し、必ずしも「所蔵」を前提とせず、外部サーバーへのアクセスという契約ベースの「利用」という大きな転換期を迎えつつある。それにもかかわらず、この動向を軽視している学校図書館が現在でも多いことに驚かされる。

　以前、私が学校図書館関係者を対象に「電子書籍の歴史、現状、課題とこれからの知識情報社会」と題する講演を行ったとき、「電子書籍は紙の本を駆逐してしまうのではないかと心配しています」という会場参加者からの意見を聞いた。また、「学校図書館が電子書籍を導入する必要があるのでしょうか」とも言われた。

　あたかも公共図書館において「マンガを蔵書に加えるかどうか」を議論し、「手塚治虫作品は置いても構わない」などと結論を出してきたように、あるいは「ライトノベルスやケータイ小説のリクエストを受けるかどうか」といった議論が真面目になされてきたように、学校図書館では「電子書籍」は未だ異端者なのである。

　かつてキリスト教世界では中南米にミッションを派遣するとき、「はたしてインディオは人間なりや否や」と会議をして出かけたという修道会があったという*71。ひどい話だと思われるかもしれないが、私からすれば学校図書館関係者が電子媒体に対して抱いている感情は、これに近いのではないかとさえ思えてくる。「はたして電子書籍は本なりや否や」？

　紙媒体への信仰心はこれほどまでに強いのである。しかし、私はこのような

＊71　五十嵐一「小説『悪魔の詩』事件—イスラームを"国際化"する」『ユリイカ』1989年11月号、(『悪魔の詩』上巻、p.296所収)

神学論争に巻き込まれることよりも、紙媒体と電子媒体の特性を活かした新しい学校図書館を構築することに力を注ぎたいと考えている。

　なぜなら学校図書館には、著作を利用し、新たな知見を生み出し、そして継承していく次の世代を担う利用者が確実に存在するからである。したがって電子出版という出版メディアの変容を冷静に受けとめ、具体的にどのように活用していくのかを次世代に示すことこそ、学校図書館関係者の責務ではないだろうか。

　写本から活版、活版から電子出版に著作の形態が変化しても、その著作を人々が活用できるように努力してきた図書館の役割の重要性は変わることがない。

　変化を恐れず、新たなスキルを獲得し、その役割を探求し続けること。それが学校図書館現場にいま求められているのである。

第7節 指定管理者制度が切り拓く次世代型公共図書館の可能性

初出誌『出版ニュース』2017年2月上旬号

1 バイアスがかかった「指定管理者制度」論議

　私が本稿の執筆を引き受けたのは、日本の公共図書館における「指定管理者制度」導入の問題についてはバイアスのかかった言説が広く流布し、人々の冷静な判断を妨げており、肝心のこれからの図書館サービスの中身に関する議論があまりにも希薄だと考えたからである。

　図書館にかかわる人の中で「指定管理者制度」批判に熱くなる人が多い現状では、公共図書館が利用者に対して行うサービスによってどのような価値が創造されるかという問題の本質ではなく、「指定管理者制度から図書館を守る」といった言説が無批判に展開されることに危惧を感じるのである。例えば次のような事例を示したい。

　2016年9月2日、同志社大学今出川キャンパスで60名近い図書館司書課程担当教員を集めて開催された「第68回近畿地区図書館学科協議会」では2016年4月に施行された「障害を理由とする差別の解消の推進に関する法律」（いわゆる「障害者差別解消法」）をテーマにした研究発表が設定された。この中で日本図書館協会障害者サービス委員会委員の肩書で前田章夫・元大阪府立中央図書館司書部長による「障害者差別解消法と公共図書館における障害者への対応」という研究発表が行われたが、配布レジュメを見て私は驚いた。そこには次のような項目が掲げられていたのである。

　「指定管理者制度が障害者サービスの大きな足かせになりつつある」

　そこでこの発表後の質疑応答の時間に私は兵庫県・三田市立図書館の「指定管理者」が新たな障害者サービスの開発にきわめて真摯に取り組み、音声読み

上げ機能を活用した電子書籍貸出サービスを2016年4月に実現した具体的な事例を示し、そのどこかが「足かせになりつつあるのか」、むしろこれまでの「公立図書館」では考えられなかった実効力のあるサービスを提供し、視覚障害等を有する利用者から評価されているではないかと問うた。

図書館司書課程担当教員によって構成される協議会において、ICTを活用した新たなサービスに指定管理者が積極的に取り組む事実を無視して、「指定管理者制度」が導入されることによってあたかも公共図書館の障害者サービスが切り捨てられつつあるかのような発表を行うことの影響力は大きいと指摘したのである。私が発言しなければ会場にいた大学の図書館司書課程担当教員の多くは「やはり指定管理者制度は問題だ」と感じたのではないだろうか。

それにしても「指定管理者制度」に対する批判はいったい何を生み出すのか、という疑問を私は持っている。昨年18年目を迎え、いまや図書館界最大規模のイベントとなっている「図書館総合展」（図書館総合展運営委員会主催）において、私がコーディネーターとなって2012年から5年続けてカルチュア・コンビニエンス・クラブ（CCC）が運営する公共図書館を中心にディスカッションを行ってきた。「指定管理者制度の最前線—地方分権時代における図書館の可能性」（2012年）、「"武雄市図書館"を検証する —ニュースとなった〈武雄〉から〈公立図書館界〉がみえてくる」（2013年）、「読者の心をつかむ—書店と図書館」（2014年）、「『公共図書館の未来像』—利用者にとっての望ましい図書館とは？」（2015年）、「公共図書館と市民的価値の創造—図書館を超える図書館とは」（2016年）という5つのフォーラムである。

このフォーラムでの私の発言に対して「説明を求めたい」と電話があり、わざわざ京都の立命館大学までやってきたのが、図書館友の会全国連絡会（図友連）のメンバー3名である。図友連のホームページにその記録がアップロードされているが、そこには次のように書かれている。

図書館総合展シンポジウム「公共図書館の未来像」での図友連提出小牧市長あて要望書に関しての湯浅氏発言について、直接その考えをお聞きするという事で面談依頼を行った。
①「2. 10月4日の住民投票の結果にかかわらず、上記1. ［現在の新小牧図書館建設基本計画を白紙に戻し、再度検討してください＝筆者注］を市長とし

て決断してください」としたことについて「住民投票の結果にかかわらず」
と、住民投票自体を軽視するようなことを要望書の中に書いているのは、私
としてはちょっと納得できない」

②「『ごみ本』とか言う言い方が先ほどの不適切な図書とかと一緒でちょっと
よくわからない」

　フォーラムでの私の発言は「小牧市の図書館のことは小牧市民が決めるこ
と」であり、図書館が所蔵する図書について「ごみ本」などと図友連が呼ぶこ
とは図書館の自由の観点からきわめて問題と考えるので、当然のことながら面
談でもそのことを詳しく説明した。

　このときのやりとりは図友連のホームページを参照していただければ分かる
が、そこで私が言いたかったことは「図友連としてはCCCがやろうとしてい
る図書館像に異議があるわけで、そこは追及したらいいと思う。文言のことに
ついてここでやり取りをするのではなくて、自分たちが思う図書館の理想像に
ついて追及［追求＝筆者注］するという事で公開討論会を行ったりすればいい
のではないか。そうすべきだと思う」ということに尽きる。(図書館友の会全
国連絡会「【2015年12月12日】湯浅俊彦氏との面談報告」http://totomoren.
net/blog/?p = 583)

　私は「指定管理者制度」そのものを絶対視しているわけではなく、直営館で
も市民的価値を創出することができればそれでいいわけである。しかし、公共
図書館の役割の変化の中で利用者への新たなサービスを考えると、「指定管理
者制度」がきわめて有効に機能すると考えているということなのである。

2 「公共図書館の民間委託」について 考えるために必要なこと

　しかし、残念ながら公共図書館の民間委託についての誤解や偏見の事例は枚
挙にいとまがない。私はこの種の言説の流布に関して「もぐら叩き」的手法で
解決する考えはまったくない。むしろこのような言説の本質を見るスキルをこ
れからの若い世代には獲得してほしいと考え、例えば公共事業体のサービスの
一部を外部化して，民間ノウハウの導入によりサービスの向上をめざす大阪府

立図書館における「市場化テスト」に対する批判と反論を素材に次のような授業を立命館大学において行った。

(1)「図書館制度・経営論」1回目の授業で、『図書館雑誌』2012年9月号（106巻9号、p.663-665）の会員投稿欄「北から南から」に掲載された脇谷邦子氏の「大阪府立図書館市場化の行方」のコピーを配布し、「1. はじめに、2. 市場化2年間の成果は？、3. 私たちの手で検証したら、4.「すべて民間に」が府の最終目標、5. どうすればよいのか」という全文を読み、この意見に賛成・反対をまず書いて、その理由を論じてもらうレポートを受講生に課す。

　脇谷氏の投稿には「4月は混乱の極みで、ミス多発」「貸出返却ミス、協力貸出の配送先のミス、予約連絡時の配慮不足、貸出禁止資料の館外貸出、資料の破損、書架そろえができない、整理において予定量がこなせない等々、受託して9か月経っても、とうてい問題なしとは言えない状況なのが見てとれた」「大阪府立図書館の市場化テストは明らかに失敗である」「委託・指定管理者制度も非正規図書館（司書）職員の増大も根っこは同じ、図書館運営において、公務員司書の存在意義（公務員司書がいなければならない理由）が、今、問われているのである」という記述があり、学生たちは衝撃を受け、ほとんどの学生が「大阪府立図書館の市場化テストは大失敗で、民間委託は問題が多い、図書館は公務員が運営しなければならない」とレポートに書くのである。

(2) 2回目の授業では図書館流通センターの関西・東海営業総括部長（当時）に反論として「『大阪府立図書館市場化の行方』を拝読して」という文章を授業のために書き下ろしていただき、前回と同様に学生に配布し、図書館の民間委託について改めてレポートを書いてもらう。

　配布した文章には「大阪府立図書館市場化＝失敗と断ずるときに、その原因として想定できるのは、①大阪府立図書館は市場化（民間への業務委託）になじまないから、失敗、②公共図書館は市場化（民間への業務委託）になじまないから、失敗、③ TRC は大阪府立図書館の受託業者として適性を欠くから、失敗、の3つのはずですが、そのどれにも分析を施していない」ことを指摘し、脇谷氏が引用しているモニタリング評価は2年目の前半のみであり、その後の成果について大阪版市場化テスト対象業務モニタリング審議会では高い評価を受けていることを述べている。そして、「脇谷氏は『わたしたち』という表現

をとられていますが、公共（図書館）を語るときの、本当の『わたしたち』とは、納税者であり、利用者であり、住民・市民だと私は考えます」としている。

　この文章を読んで受講生たちのほとんどは「大阪府立図書館では引き継ぎ当初は問題点があったものの、その後は改善されたばかりか民間委託は利点も多く、むしろ民間企業の専門性を活かした図書館運営が望まれる」といった意見を書く。前のレポートと真逆の意見にほとんどの学生が変わるのである。

(3) そこで3回目は「大阪府立図書館への市場化テスト適用の過程と課題」（米谷優子・川瀬綾子著『情報学』9巻1号，2012、p.86-108）という学術論文を配布し、外部委託，PFI，指定管理者制度，市場化テストに関する考察を先行研究のレビューから行っていくことの重要性を強調しながら、学術論文でも引用文献にバイアスがかかっていないか批判的検討が必要であることを解説するのである。

　つまり、「民間委託」の是非についてどちらの立場をとるにせよ、自分の都合のよい資料を用いて論を展開しているのではないかという批判的思考をつねに働かせながら、文章を読み、それを書いた人はどのような意図や立場で書いているのか、引用文献は適切なものなのか、その文章が掲載されたメディアはどのような種別のものなのか、投稿なのか、記事なのか、論文なのか、論文であれば査読付き論文なのか、そうでないのかなど、文章を読み解くスキルを養う能動的学修を目的とした授業を行ったのである。

　また2014年9月、他大学の学生たちと「公共図書館の大衆化」というテーマで発表とディスカッションを行う「ゼミ交流」を実施した際、他大学の発表者が東京都・千代田図書館、埼玉県・川口市立中央図書館、佐賀県・武雄市図書館を比較し、武雄市図書館については商業的にかたよった、いわば「大衆化」が進み過ぎた事例であるとし、批判的見解を示した。これに対して湯浅ゼミの学生は実際に武雄市図書館と武雄市役所に行き、インタビュー調査を行った体験を話し、これに反論した（湯浅俊彦編著『電子出版と電子図書館の最前線を創り出す—立命館大学文学部湯浅ゼミの挑戦』出版メディアパル、2015、p.265-267）。ディスカッションの中で他大学の発表者は千代田図書館と川口市立中央図書館は実際に訪問したが、武雄市図書館については文献に依拠したものであることを明らかにし、これに対する批判は修正が必要かもしれないと答えた。

　武雄市図書館に関しては、新図書館として開館もしていない段階で指定管理者となったカルチュア・コンビニエンス・クラブ（CCC）による運営を批判する声が強く、2013年4月のリニューアル・オープン後は地理的に近いこともあり「伊万里市民図書館と比べて武雄市図書館は商業主義」という批判のされ方がパターン化している。Googleで「武雄市図書館」を検索しても、雑誌記事を検索しても武雄市図書館に関しての批判的見解の方が圧倒的に多くヒットするという状況下だったため、他大学の学生が発表のために収集した資料から、「武雄市図書館は商業的にかたよっている」と結論するのも当然の成り行きであった。

　2013年11月21日、福岡市で開催された第99回全国図書館大会1日目夜の交流会で私は日本書籍出版協会役員の方々と話をする機会を得たが、その日に武雄市図書館を初めて見学してきた人たちは「行くまでは批判的だったが、実際に特急列車に乗って農村部を走る車窓の風景を眺め、武雄市図書館に行ってみると、そこにあれだけ立派な読書施設があることに感銘を受け、180度考えが変わった」と率直に語る人が多かった。指定管理者による商業主義的な図書館運営として批判的に考えていた人たちも出版物は利用されてこそ価値が生じるという出版人の原点を再確認したようだった。しかし、出版社の社長や幹部クラスにしても行くまでは批判的だったというのは、バイアスのかかった言説にいかに多くの人たちが影響を受けているかということを示している。

　それにしても「商業主義」という言葉はどうも「市民文化」や「地域文化」の対局に位置づけられ、人々の思考を停止させるレッテルとしてここでは機能しているように思われるのである。

3　指定管理者が切り拓く利用者サービスの新局面

　さて、そこでようやく本題である。「指定管理者制度」について考えるためには、当然のことではあるが「指定管理者」が実際に行っている図書館運営と利用者サービスをしっかりと見る必要がある。ここでは紙幅の都合から、公共図書館における障害者サービスについて、2016年4月の「障害者差別解消法」施行に向けた、「音声読み上げ機能を活用した電子書籍貸出サービス」の提供という事例だけを取り上げて検証してみよう。

　この取り組みは私が所属する立命館大学 IRIS（電子書籍普及に伴う読書ア
クセシビリティの総合的研究プロジェクト）が研究協力し、兵庫県の三田市立
図書館の指定管理者である図書館流通センター、そして大日本印刷、日本ユニ
シス、ボイジャーが「障害者差別解消法」施行の2016年4月の実用化に向けて
共同開発したものである。

　三田市立図書館における電子書籍による音声読み上げサービス導入の経緯は
簡単に示すと以下の通りである。

(1) 2014年5月、私がコーディネートした図書館流通センターが受託する公共
　　図書館の館長等責任者向け研修会である「TRC ライブラリーアカデミー
　　大阪」において、視覚障害を有する植村要・立命館大学専門研究員をゲス
　　トに迎え、「TRC-DL に音声読み上げ対応を期待する」と講演してもらっ
　　たところ公共図書館長ら参加者の反響を呼ぶ。

(2) これを受けて、大日本印刷、図書館流通センター、立命館大学 IRIS メン
　　バーで「図書館における電子書籍サービスを活用した読書アクセシビリテ
　　ィ実証実験に関する検討会議」を立ち上げ、2015年2月から3月、視覚障
　　害を有する利用者の協力を得て「図書館における電子書籍サービスを活用
　　した読書アクセシビリティ実証実験」（実施主体：立命館大学 IRIS、大日
　　本印刷、図書館流通センター、日本ユニシス、協力：三田市役所まちづく
　　り部生涯学習支援課）を行い、産官学連携によって研究開発を進める。利

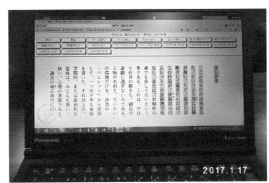

図1 「三田市立電子図書館　視覚障がい者向け利用支援サイト」
https://web.d-library.jp/sanda/g1001/top/（参照：2024-01-10）

　　用者向け実証実験と並行して、「公共図書館で働く視覚障害職員の会」（通
　　称「なごや会」）会員向けに実証実験を実施。
（3）そして「障害者差別解消法」施行に合わせて2016年4月、全国の公共図書
　　館で初めて、三田市立図書館「三田市電子図書館」に「視覚障がい者向け
　　利用支援サイト」（**前項写真1**）を開設し、音声化対応の電子書籍3,135点
　　の貸出サービスを開始したのである。
　この視覚障害者支援を目的とする電子書籍貸出サービスは、2016年9月から
兵庫県・明石市立図書館、大阪府・堺市立図書館にも導入され、全国展開が期
待されるところである。

4　利用者の情報行動の変化と公共図書館の役割

　このように産官学連携によるICTを活用した障害者サービスの新局面は、
今後さまざまな応用が考えられる。私自身は例えば日本語を母語としない外国
人に向けた「多文化サービス」における電子書籍や電子海外新聞の利用、ある
いは「児童サービス」におけるデジタル絵本を使った読み聞かせや子どもたち
によるデジタル絵本の制作、さらにレファレンスサービスにおける「ディスカ
バリーサービス」（ウェブ上のデータベースや電子ジャーナル、電子書籍など
を本文検索できるサービス）の活用など、これまでの紙媒体の図書や逐次刊行
物では実現できない新たな公共図書館サービスを構想している。
　ここで重要なことは、このような新しいサービスを創出する際、指定管理者
制度によってきわめてスピーディに展開できることである。
　2014年4月、直営から指定管理となった三田市立図書館ではさっそく8月か
ら図書館流通センターが提供する電子図書館システム「TRC-DL」が導入され、
三田市広報誌『伸びゆく三田』（2014年7月1日付け1面）では次のように障害
者サービスへの利用について触れている。
　「今後は従来の書籍との役割分担をしながら、電子書籍の収集にも努めます。
また、市の歴史・文化に関わる資料の電子化や、障がいのある人向けの朗読機
能の付加などについても導入に向けた研究を進めていきます」
　そして、『伸びゆく三田』（2016年2月15日付け1面）では「今回の視覚障が
い者の利用支援システムは、現行の電子図書館サービスに、テキスト版サイト

を追加するものです。追加後はパソコンの音声読み上げソフトの利用により、本の検索が簡単に行えるようになります。システム開発は、電子図書を活用した視覚障がい者の読書環境整備の研究に取り組む立命館大学の研究グループや、利用者となる視覚に障がいのある皆さんの協力も得て進めてきました。（中略）図書館では、ボランティアの皆さんの協力を得ながら、対面朗読やマルチメディア資料の提供なども行っています。引き続き、より多くの人が図書館を利用し、本を楽しんでもらえるようサービス充実への取り組みを推進していきます」としている。

　指定管理者制度は、このように民間企業の旺盛な図書館事業への意欲とスピーディな手法によって、「電子書籍」を導入すべきかどうかの議論に終始しているタイプの「直営」図書館ではなかなか進展しない具体的な利用者サービスを促進する。三田市では教育委員会ではなく、まちづくり部が図書館を管轄し、自治体としての総合計画にある「ユニバーサル社会の推進」を、指定管理者による電子図書館システムに新たな音声読み上げ機能を付加することによって達成しようとしているのである。

　「指定管理者制度が障害者サービスの大きな足かせになりつつある」どころか、「直営館」が「予算がない」「専門的知識をもつ人員がいない」と避け続けているICTを活用した利用者サービスに迅速かつ明らかな成果を出す形で取り組んでいる姿はむしろ全国の公共図書館のモデルケースとすべきだろう。

　2016年12月、国内初の「電子図書館サミット」が大阪で開催された。TRC-DLの導入実績が約170館（46自治体）となったのを機に、「電子図書館サミット2016 in 大阪」（図書館流通センター主催）として30館の導入館が集まり、私がコーディネーターとなって現状と課題を分析し、率直なディスカッションを行ったのである。

　スマホやタブレットの利用など、市民の情報探索行動は大きく変化している。そして公共図書館は旧来の「貸出中心型」から「滞在型」へ、つまり「無料貸本屋」から「情報センター」へと大きくその役割を転換することが重要である。デジタル・ネットワーク社会の動向に迅速に対応できる指定管理者による図書館運営は、利用者サービスのあり方を提供側でなく利用者側の視点から考えることによって市民的価値を創造していくものとして、三田市立図書館を利用する視覚障害等を有する利用者からは高く評価されている。

　公共図書館の運営が社会的環境の変化に対応できない組織、自分たちの既得権益を守ろうとする組織によって行われる場合、公共図書館は「成長する有機体」としての真価を発揮することはないだろう。メディアの変遷に対応し、利用者の情報行動の変化に即してみずからが変わり続けることこそが、これからの公共図書館にとってもっとも重要なのではないだろうか。ニーチェが言うように「脱皮できない蛇は滅びる」（ニーチェ著／秋山英夫訳編『愛と悩み：ニーチェの言葉』社会思想社、1960、p.41）のである。

第8節 武雄市図書館訴訟 「意見書」

裁判所提出意見書（2017年8月18日）

　筆者は図書館情報学を専攻し、大学において図書館司書課程の責任者をつとめている者であるが、武雄市図書館が2012年度（平成24年度）の開館準備にあたって購入した初期蔵書に瑕疵があるという訴訟に関して武雄市から意見を求められたので、以下の3点について、図書館情報学の観点から意見を述べる。

1 ライフスタイルジャンルを強化する 武雄市図書館のあり方について

　日本における公共図書館の歴史は大きく分けて、次の3期に分けることができる。

　すなわち、利用者サービスよりも図書館資料の保存を重視する戦前期から1963年までの「保存のための図書館」の時代、1963年の『中小都市における公共図書館の運営』（いわゆる「中小レポート」）や1970年の『市民の図書館』によって確立した「開架制と貸出サービスの図書館」の時代、そして、2013年にリニューアルした武雄市図書館がもっとも大胆に具現化してみせた「滞在型図書館」の時代である。

　新しく出現したこの「滞在型図書館」は、旧来の日本十進分類法（NDC）だけにとらわれない利用者本位の書架構成やミニ展示を提供する「ライフスタイル型図書館」であり、今日の地域住民の仕事や生活に関する多様なニーズに対し、さまざまな図書館資料を貸し出すだけでなく、「ビジネス支援」「子育て支援」「医療・健康情報サービス」など、積極的にレファレンスサービスを行う「課題解決型図書館」であり、また図書館利用者の潜在的な可能性を引き出

す各種講座、セミナー、著者講演会、ものづくり教室などを開催する「イベント体験型図書館」であり、地域の「読書センター」に留まらない「情報センター」であり、「学習センター」である。そのことによって公共図書館が地域の経済や文化の活性化と共に地域住民の市民的価値を高めることを目標としている。

　つまり武雄市図書館は2013年のリニューアルによって、1963年以降ちょうど半世紀続いてきた「貸出中心主義」から脱却する新たな公共図書館像を創出した象徴的存在なのである。

　「滞在型図書館」の事例としては、すでに2011年7月に開館した図書館、市民活動支援、青少年活動支援及び生涯学習支援の4つの機能を併せ持った複合機能施設である「武蔵野プレイス（正式名称は武蔵野市立ひと・まち・情報創造館武蔵野プレイス）」（指定管理者：公益財団法人武蔵野生涯学習振興事業団）や、2011年11月に開館した「千代田区日比谷図書文化館」（指定管理者：日比谷ルネッサンスグループ）などがあるが、武雄市図書館の場合は地方創生の核に公共図書館を据えているところに、自治体の人口減少と少子高齢化、経済の沈滞化を打破する図書館の新たな可能性を見出すことができるのである。

　2006年4月に文部科学省が発表した「これからの図書館像─地域を支える情報拠点をめざして」（「これからの図書館の在り方検討協力者会議」報告書）では、「住民の生活、仕事、自治体行政、学校、産業など各分野の課題解決を支援する相談・情報提供の機能の強化」が特に強調され、また「これらの機能を発揮するために必要な図書館経営の改革」がこれからの図書館には必須とされているのは、このような背景があると考えてよいだろう。

　武雄市図書館の事例では、「代官山蔦屋書店」のコンセプトを図書館に導入し、従来の図書館よりもむしろ書店に近い排架方法を用い、利用者行動の変化に対応していることに特徴がある。

　いわゆる「ライフスタイルジャンル」として市民の生活に関わるジャンルを強化することは、武雄市が新図書館構想の中で示された「市民の生活をより豊かにする図書館」「この町に住みたくなる空間」「人と人がつながる場所」「自分が成長できる場所」に合致するものであり、「新武雄市図書館の品揃え」の「強化ジャンル」として次のように提起されていた*72。

　「暮らし方」の具体的ジャンルとして「料理」「ワイン・お酒」「インテリア」

155

「ガーデニング」、「楽しみ方」では「国内旅行」「海外旅行」「紀行・エッセイ」「地図」が想定され、「少し背伸びした日常」をめざすというコンセプトが示されている。

同様に、「生き方」の具体的ジャンルとして「宗教」「哲学」「心理」「精神世界」「思想」があり、また全般的な「強化ジャンル」として雑誌が挙げられている。

2012年度の開館準備に係る委託業務の初期蔵書について、料理本が多いことが蔵書構成として大幅にバランスを欠いているという指摘は、むしろ「暮らし方」の強化ジャンルの一つとして料理本にも重点を置く蔵書構成をめざしていたのであるから、当然のことであると言わねばならない。

例えば、開館前の2012年11月21日に開催されたフォーラムでは、「暮ら」の中の「料理」の図書館資料として、「日常」と「背伸びした日常」として具体的に次のような事例が示されていた（図1）。

これを見れば明らかなように、「料理」を主題とした図書が多すぎるという批判は、「滞在型図書館」として新しいコンセプトを創出し、市民的価値を創造しようとする武雄市図書館の取り組みに対する誤解から生じていることがよく分かる。旧来の「貸出型図書館」に慣れ親しんだ図書館利用者からは、「哲

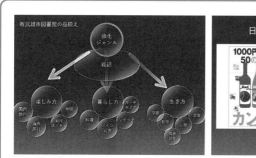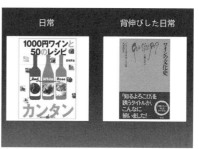

図1 2012年11月21日、パシフィコ横浜で開催された「図書館総合展2012」のフォーラム「指定管理者制度の最前線」における樋渡啓祐・武雄市長（＝当時）の講演レジュメより

＊72 2012年11月21日、パシフィコ横浜で開催された「図書館総合展2012」のフォーラム「指定管理者制度の最前線」における樋渡啓祐・武雄市長（＝当時）の講演レジュメ。

学」「思想」「文学」ならともかく、「料理」の図書が多いということに違和感が生じているのである。

　すでに述べたように、これまでの公共図書館は「貸出型図書館」が理想とされ、2000年代初め頃から主に「新刊文芸書」の貸出冊数の増加をめぐって「無料貸本屋」という批判を文芸作家や出版界から受けていた*73。これに対して、武雄市図書館では地方都市において、生活に関わるジャンルを強化し、市民に対してライフスタイルの提案ができる図書館をめざしたのである。

　日本十進分類法（NDC）にもとづいて、0類（総記）から9類（文学）までを文字通りバランスよく蔵書することは現実的ではなく、どの公共図書館でもそれぞれの選書基準を持ち、ある程度、地域の特性に合わせるなど、特色をもつ選書を行っている。

　例えば、従来の公共図書館では医学書については実用的な入門書を中心に収集するといった方針であったが、今日では「課題解決型図書館」として「医学・健康情報サービス」に取り組む場合、医学書でも「がん」や「うつ病」などについてはかなり高度な内容をもつ専門書も収集することが一般的に行われるようになってきた。したがって、武雄市図書館が強化するライフスタイルジャンルに「料理」を選んだのであるならば、「料理」を主題とする図書を集中的に選書することは、十分理解できる。むしろそこにこそ、武雄市民に向けた図書館作りを実践する武雄市図書館の特色があると言えるのである。

　また、ディズニーランドのガイド本が数多く選書されているということも同様である。「楽しみ方」の強化ジャンルの一つとして「国内旅行」を選んだのであるから、この主題を重点的に収集するのは選書方針に合致している。

　仮にその選書方針が市民のニーズに合わないのであれば、武雄市図書館への来館者数はリニューアル前よりも激減し、図書館に資料を求める利用者がいないという状態になることは明らかである。ところが、実際には2013年4月以降の武雄市図書館の来館者数はリニューアル以前より全国の公共図書館の中でも群を抜く大幅増加を達成し、アンケートによる利用者満足度もきわめて高い評価を受けている。

---

*73 林望「図書館は『無料貸本屋』か～ベストセラーの"ただ読み機関"では本末転倒だ」『文芸春秋』78（15），2000.12,p.294-302.
　　楡周平「図書館栄えて物書き滅ぶ」『新潮45』20（10），2001.10,p.116-123. などを参照。

　この事実が示していることは、リニューアル前の武雄市図書館を利用していた市民は全市民のうちのごく少数の人々だったのであり、リニューアル後の武雄市図書館の新しい蔵書構成やさまざまな利用者サービスによって、これまで公共図書館を利用してこなかった市民が来館するようになったということである。

　図書館情報学の立場からは、市民のニーズとかけ離れていたのはむしろリニューアル前の武雄市図書館であったということは、利用者数の推移を見れば明らかと言わねばならない。

2 古書として調達した蔵書について

　武雄市図書館の開館準備の初期蔵書に発行年が古い図書があったことを取り上げて、適正な選書が行われていないとする批判は、図書館資料の選書そのものに関する誤解から生じていると考えられる。まず重要なことは、図書館資料においては「古いから価値がない」という考え方はきわめて危険だということである。

　例えば、『現代用語の基礎知識』（自由国民社）のような年度版で発行される図書を例に挙げれば分かりやすいが、古くなることによって、新たな価値が生ずるのが図書館資料の世界である。この場合、ある言葉が『現代用語の基礎知識』にいつから掲載されるようになったのかを知るためには、最新版だけではなく、古い発行年の図書を蔵書することによって明らかになるのである。

　このような事例は言語に関することだけではない。例えば、「消えた年金問題」が話題となった頃、各地の公共図書館では所蔵しているそれぞれの地域の古い『職業別電話帳』（現在は『タウンページ』）を用い、当時勤務していたが現在はなくなっている会社について調べようとする利用者のレファレンス質問に答えることができたのである。

　また、コンピュータ関係の図書のように最新のもの以外は価値がないと思われがちな分野でも、利用者の目的によっては様々な使われ方があるのである。

　そもそも図書の価値をだれが、どのように決定することができるのかという問いは図書館における重要な課題であり続けている。日本で唯一の国立図書館である国立国会図書館では資料の内容の優劣ではなく、日本国内で発行された

すべての著作物を網羅的に収集することが国立国会図書館法で規定されている。それはちょうど当時は低い評価しかなかった近世の浮世絵が海外に流出し、後に高く評価されたように、時代を経て新たな価値が見いだされる著作物が数多いからである。

　公共図書館では国立国会図書館とは異なり「網羅的収集」ではなく、地域コミュニティを構成する市民の利用者のために、選択的収集を行っている。これを「選書」といい、図書館情報学では、図書そのものの価値を基準として価値の高い図書を選書しようとする「価値論」、そして利用者の要求を基準として要求の高い図書を選書しようとする「要求論」があり、日本の公共図書館では図書館員がそれぞれの分野からしっかりとした編集過程を経た資料を選ぶことを中心とする「価値論」から、次第に利用者のリクエストにできるだけ応えようとする「要求論」が優位になりつつあるが、実際には両者のバランスを保つという方法を採用している公共図書館が多い。

　ところが、「貸出型図書館」から「滞在型図書館」へと移行しようとする現在の公共図書館の動向から、この選書においても新たな変化が起こりつつある。つまり、発行年の新しさや古さや資料の形態よりも、主題を重視する方法論である。ちょうど研究者の書斎に古書と新刊書が混在しているように、また図書だけでなく、雑誌、地図、パンフレット、リーフレット、ビラ、チラシ、音声資料、映像資料、電子資料があるように、公共図書館でも新刊文芸書を借りるところというイメージから、ある主題について徹底的に調べることができる場所へと変化しつつあると言えよう。

　したがって、武雄市図書館がライフスタイルジャンルを強化する方針を持ち、ある主題について徹底的に収集しようとすると、その中に発行年の古い資料が入ること自体は一般的な選書の範囲と言えよう。公共図書館では主題によっては古書を購入すること自体、ごく普通に行われていることであるからである。従来、都道府県立図書館は資料の長期保存を前提とし、市区町村立図書館は発行年が古くなった資料は除籍する、つまり館種によってストックとフローが分けられていたが、「滞在型図書館」の時代はどのような主題に重点を置くかが選書の重要な観点であり、必ずしも資料の「鮮度」だけで判断されないのである。

　ところで、仮に「古い図書には価値がない」という考え方に立てば、全国の

住民が自分たちの住む地域の公共図書館の蔵書のうち発行年の古いタイトルを調査し、その図書館に対して除架・除籍を要求することも考えられる。なぜならば、開館時に新規購入することに価値がないと判断されるような図書館資料であるならば、かつて購入したものであっても図書館の書架を占有していること自体が無駄ということになり、一刻も早く除架・除籍して、新たな図書館資料を購入することが正しい選択ということになるからである。しかし、実際には数多い図書館資料の1点1点について、その資料がそこにあることの正当性を立証することは意味がないだろう。そのために図書館の収集方針や蔵書構成に関する基準があり、指定管理者制度のもとでは、自治体の仕様書にある要求水準にもとづいて選書が行われるからである。

　結論として、特に「滞在型図書館」では収集方針に基づき、重点を置く主題を選定しているため、発行年の古い図書は価値がないという「貸出型図書館」時代の選書スタイルを採用していないということである。

3 複本購入について

　武雄市図書館が開館準備にあたって購入した初期蔵書に複本があり、そのことが過剰重複であるとの批判について、まず複本に関する問題の所在を整理して示したい。

　公共図書館が同一タイトルの図書を2冊以上購入することを複本購入といい、同じ図書への利用申し込みが利用者からあった場合、返却待ちになってしまうという状況を避けるために行われる。多くの利用が見込まれる場合には複本は早目に購入することが効率的であると言えよう。貸出期間が2週間であっても、延滞が生じることもあるため、1冊の図書の予約を処理するために約3週間必要とみて、利用したい図書について仮に4件の予約があったとすると、5件目の予約者がその図書を借りられるのは3か月（12週間）以降ということになってしまう。この事態を解消するために、つまり必要としている利用者に出来るだけ迅速に資料を提供するために公共図書館では複本購入が行われることになる。そして、そのことは予約者を待たせないだけではなく、いつ行っても書架になく貸出中という図書館の棚の魅力を失わせないためでもある。

　すでに述べたように複本購入について批判的であるのは主に文芸の領域の作

家と出版社である。近年では2015年10月16日に開催された第101回全国図書館大会（東京大会）第13分科会「出版と図書館」において、佐藤隆信・新潮社代表取締役社長が公共図書館における「複本問題」について取り上げた。

　2013年10月に新潮社より刊行され、2014年に「本屋大賞」を受賞した文芸作品『村上海賊の娘　上巻』（和田竜著）について、全国1,315自治体の3,113館の公共図書館の所蔵数をOPAC（オンライン閲覧目録）により2015年2月から3月にかけて調査したものである。

　その結果、複本数が人口20万人以上の市で11冊から15冊所蔵している図書館が6自治体8館、16冊以上が6自治体8館、その他の市で同じく11冊から15冊が2自治体2館、16冊以上が8自治体11館もあることを明らかにし、公共図書館の複本購入の自粛を求めたのである。

　このとき、複本が少ない全国の公共図書館も紹介されたが、その中に武雄市図書館が含まれており、「所蔵冊数2冊、人口1万人当たり所蔵数0.39」と好意的に紹介されていた。

　このように、複本が問題になるのは公共図書館の10冊を超える過剰な複本により、著者や出版社の販売機会が奪われ、出版の再生産活動が阻害されるという事例がほとんどである。今回の訴訟では10冊を超えるような過剰な複本は存在しないことから、図書館情報学の観点からすれば武雄市図書館の複本は違法どころか、適正な複本の範囲であると言える。

4 善意の批判がいつしか検閲にならないために

　ここまで、提起されている訴訟における原告の論点を3点に絞って、図書館情報学を専攻する者の立場から意見を述べてきたが、ここでもっとも重要なことは公共図書館の選書や蔵書構成について批判する時、「図書館の自由」について今一度、思いを巡らせる必要があることである。

　公共図書館は利用者のために資料を選び、提供を行っているが、利用者の中にはその選書や蔵書構成に不満を持ち、検閲者としてふるまう事例が頻繁に見受けられる。それが善意からのものであれ、実質上、「図書館の自由」を脅かす可能性があることにぜひ留意していただきたいと思う。

　大学の図書館司書課程のテキストによく使われている『図書館情報資源概

論』（馬場俊明著、JLA 図書館情報学テキストシリーズⅢ 8 巻、日本図書館協会、2012 年）では、このような事例について、ALA［アメリカ図書館協会＝引用者注］の『図書館の原則：図書館における知的自由マニュアル（第6版）』（新版）を引用して次のように解説している（p.147）。

（略）検閲者には、以下のような特徴をもっているという。
(1) 図書館が所蔵資料の主張を支持していると理解している。
(2) 問題の資料内容をよく読んでいない。
(3) 自分の意見が絶対正しいという強固な信念をもっている。
(4) 道徳、思想の守護神と任じている。
(5) 地域の意見を代表していると考えている。

　こうしてみてくると、検閲の動機が道徳的であれ、思想的であれ、何であれ、「表現の自由」を妨げる公権力、個人および団体が及ぼす行為は、ひとしく検閲とみなされているということである。したがって、図書館員は、検閲の構造的本質を顧みるとともに、外部からの圧力にたいする専門職としての基本的態度をあきらかにしておく必要がある。

　公共図書館の選書や蔵書構成について批判することは市民の権利として保障されるべきだが、最近起こっているのは指定管理者制度に反対する人々が開館前の選書リストの情報公開請求を行い、こうした動きに他の自治体の教育委員会が開館前に指定管理者が策定した選書リストを点検するといった事態である。これでは「図書館の自由」に依拠する公共図書館の自由な選書や蔵書構成は形骸化してしまうだろう。

　新しい図書館像が生み出される時代は、これに抵抗する人々もまた一方で存在することは事実であろう。しかし、次世代の図書館利用者のことを考えて行動しなければ、それが例え善意から生まれたものであったとしても、ダイナミックな文化創造の機運を破壊し、図書館の自由で闊達な活動を委縮させることにつながるのである。

初出誌『情報学』15巻2号（2018.11）

第9節 電子出版活用型図書館プロジェクトの可能性 ——ディスカバリーサービスを中心に

　電子出版を活用した新たな図書館モデルを構築することを目的として、2016年度から「立命館大学　日本文化デジタル・ヒューマニティーズ拠点　研究拠点形成支援プログラム　電子出版活用型図書館プロジェクト」（研究代表者：湯浅俊彦）が始まっている。これは従来の図書館サービスをICT を活用することによって高度化し、図書館利用者の立場を重視したサービスの実用化に向けた「課題解決型リサーチ」を行うものである。本稿では「研究ノート」として、このプロジェクトで取り組んでいる具体的事例のうち、公共図書館におけるレファレンスサービスの高度化を目指すディスカバリーサービス導入を中心にその概要と取組状況について報告を行う。

1 電子出版を活用した新たな図書館サービス

　電子出版を活用し新たな図書館サービスを行う、という考え方は1990年代の「電子図書館研究会」（長尾真代表）においてすでに示されていた。1994 年に電子図書館研究会・富士通が制作したビデオ『電子図書館 Ariadne』（電子図書館研究会、富士通、1994）の中では電子図書館を次のように定義づけている[*74]。

(1) デジタル——すべての情報がデジタル化されている。

(2) ネットワーク——多くの図書館がネットワークで結ばれている。

(3) インタラクティブ——システムのやりとりにより、最適な情報を最適な

[*74] 図書としては、原田勝・田屋裕之編『電子図書館』（勁草書房、1999、p.2）に同じ記載がある。

形態で提供してくれる。

(4) マルチメディア——文字だけでなく、音、静止画、動画を含むマルチメディア情報を扱うことができる。

(5) スケーラブル——大規模図書館から個人図書館に至るまで、利用できる資源に応じて、さまざまな規模の図書館を構築できる。

　つまり従来の紙媒体の資料だけでなく、デジタル化された情報を利用者に提供する機能を図書館が持つようになると想定されたのである。1994年に制作されたこのビデオには、電子図書館研究会のメンバーとして、長尾真（京都大学）、原田勝（図書館情報大学）、石川徹也（図書館情報大学）、谷口敏夫（光華女子大学）、澤田芳郎（愛知教育大学）、高橋隆（京都大学）、北克一（大阪工大摂南大学）各氏の名前がクレジットされている（肩書はいずれも当時）。

　しかし、1990年代では商業出版物のほとんどは電子出版されておらず、電子図書館のコンテンツとして十分活用できる状況にはなかった。「電子図書館Ariadne」は、むしろ電子図書館の未来像をプロトタイプとして示したことに意義があったといえよう。

　電子出版を取りまく状況が大きく変わったのは、2010年代である。2010年3月、文部科学省、経済産業省、総務省の3省は、「デジタル・ネットワーク社会における出版物の利活用の推進に関する懇談会」初会合を開催し、(1)「知の拡大再生産」の実現、(2)オープン型電子出版環境の実現、(3)「知のインフラ」へのアクセス環境の整備、(4)利用者の安心、安全の確保、を行っていくための具体的施策が示されることとなった[75]。

　つまり、電子出版を国の政策の中に位置づける試みが、初めて取り組まれたのである。これを踏まえて、例えば文部科学省では2010年11月11日、文部科学副大臣名で「電子書籍の流通と利用の円滑化に関する検討会議」の設置が決定された。その第2回会合が2010年12月17日、文部科学省旧館において開催され、筆者は「公共図書館における電子書籍の利用の現状と課題」というテーマで発表を行った。

---

[75] デジタル・ネットワーク社会における出版物の利活用の推進に関する懇談会　報告」（2010年6月28日）p.52. https://www.soumu.go.jp/main_content/000075191.pdf（参照：2024-01-10）

この発表の中で筆者は、2007年に亡くなった作家の小田実の全集が2010年6月からPCとiPhone向けに電子書籍として全82巻で刊行が開始されたことを事例として挙げ、ボーン・デジタル出版物の増加に図書館はどのように対応するのかという問題提起を行った。

この問題提起の背景には、2008年度に国立国会図書館の委嘱を受けて研究会を組織して調査研究を行い、2009年3月に電子書籍に関する本格的な調査研究リポートとして刊行された『電子書籍の流通・利用・保存に関する調査研究』（国立国会図書館・図書館調査研究リポート11）の調査結果がある*76。

研究会のメンバーは北克一・大阪市立大学創造都市研究科教授、中西秀彦・中西印刷株式会社専務取締役、萩野正昭・株式会社ボイジャー代表取締役（いずれも肩書は当時）、そして代表をつとめた筆者の4名である。

この調査では、国内の出版社、コンテンツプロバイダー、携帯電話キャリアに対するインタビュー調査（19社）、日本書籍出版協会と出版流通対策協議会に加盟しているすべての出版社を対象としたアンケート調査（回答社255社）、国立国会図書館の全職員にアンケート調査（回答者373名）を行った。その結果、電子書籍の刊行状況、閲覧するデバイスの変遷、利用の実態、そして電子書籍の長期保存の問題点などが明らかになった。特に資料保存の観点から電子書籍の収集は図書館の重要な役割になると考えられるという結論を出したのである。

つまり、対応する紙の書籍がない、いわゆるボーン・デジタルと呼ばれる出版コンテンツが爆発的に増えているにもかかわらず、その利用や保存が図書館では積極的に行われていない実態があったため、2010年12月に開催された第2回「電子書籍の流通と利用の円滑化に関する検討会議」において筆者は特にこれを強調して取り上げたのである。

これまでの公共図書館は紙媒体の資料を中心に収集、提供、保存を続けてきた。しかし、これでは紙媒体にならなければ著作物は図書館に収集されないことになる。このようなタイプの出版コンテンツに対する収集・提供をどのように行っていくのかが、今後の図書館の大きな課題であり、新たな挑戦が必要で

---

*76 国立国会図書館『電子書籍の流通・利用・保存に関する調査研究』（国立国会図書館・図書館調査研究リポート11）https://current.ndl.go.jp/report/no11（参照：2024-01-10）

あるとしたのである。

　その後、筆者は大学教育における電子学術書実証実験に取り組み、受講生にiPadを配布し、テキストや参考書を電子書籍で活用し、電子出版をテーマにした取り組みを『デジタル環境下における出版ビジネスと図書館─ドキュメント「立命館大学文学部湯浅ゼミ」』(2014年、出版メディアパル)、『電子出版と電子図書館の最前線を創り出す─立命館大学文学部湯浅ゼミの挑戦』(2015年、出版メディアパル)、『デジタルが変える出版と図書館─立命館大学文学部湯浅ゼミの1年』(2016年、出版メディアパル)、『大学生が考えたこれからの出版と図書館─立命館大学文学部湯浅ゼミの軌跡』(2017年、出版メディアパル)、『ICTを活用した出版と図書館の未来─立命館大学文学部のアクティブラーニング』(2018年、出版メディアパル) という著作物として刊行してきた。

　一方、公共図書館における電子出版を活用した新たな取り組みを2014年頃から行ってきたが、2016年度からは立命館大学の研究拠点形成プログラムとして「電子出版活用型図書館プロジェクト」を開始したのである。具体的には、(1) 障害者サービス、(2) 多文化サービス 、(3) 児童サービス、(4) レファレンスサービスにおいて、紙媒体では実現できない電子媒体の特性を活かした手法を用いて、利用者が主体となる図書館サービスへの転換を図る実証実験を行い、実現するというものである。

　電子図書館研究会がめざした電子図書館構想を、図書館利用者に向けた新たなサービスとしていかに具体化していくか。筆者が追求しようとするのは、出版コンテンツがデジタル化され、そのコンテンツを活用することによって図書館が課題解決型サービスを行うという今日的なテーマなのである。

　本稿では、公共図書館におけるディスカバリーサービス導入を取り上げ、その可能性を検討する。

2 デジタル・ネットワーク社会における電子図書館のあり方

1「これからの図書館像」の実現

　文部科学省が「これからの図書館の在り方検討協力者会議」による提言として、報告書『これからの図書館像－地域を支える情報拠点をめざして』を公表したのは今から12年前の2006年4月である。この報告書では、次の4点が「役

に立つ図書館へと変わって行くために必要な機能」とされていた[77]。

(1) 従来の閲覧・貸出・リクエストサービス等を維持しつつ、新たな視点からの取組を実施（住民の生活、仕事、自治体行政、学校、産業など各分野の課題解決を支援する相談・情報提供の機能の強化）

(2) 図書館のハイブリッド化—印刷資料とインターネット等を組み合わせた高度な情報提供

(3) 学校との連携による青少年の読書活動の推進、行政・各種団体等との連携による相乗効果の発揮

(4) これらの機能を発揮するために必要な図書館経営の改革

　この4点のうち、「図書館のハイブリッド化—印刷資料とインターネット等を組み合わせた高度な情報提供」では、具体的に次のような機能が列挙されている。

　「パソコンの整備、ネットワークへの接続、商用データベースの活用、蔵書横断検索システムの整備、図書館のホームページの開設、e-ブックの活用」

　ところが、この報告書で具体的に指摘されているeブックの活用は、多くの公共図書館では無視されたままであると言わざるを得ない。電子書籍貸出サービスは単に紙媒体の図書や雑誌が電子化されるだけではなく、電子化されたことによって本文からの検索が可能になり、利用者にとってこれまでの伝統的な図書館の目録や分類の方法では発見することが困難であった図書館資料が活用できることこそが重要なのである。

　つまり、電子書籍等の電子資料が一定のコレクションとなり、その資料の内容そのものを統合的に検索できることにより、いわばデータベース的に活用できることがこれからの図書館には必要になってくると考えられるのである。

2 情報機器の変化と検索型情報行動の進展

　公共図書館は静かに本を読むところで、デジタル環境とは無縁と考える人々も存在するが、各種政府統計を見てもインターネットの利用率、パソコン、タ

＊77 これからの図書館の在り方検討協力者会議「これからの図書館像〜地域を支える情報拠点をめざして〜報告」
（2006年4月）p.87「概要」
https://warp.ndl.go.jp/info:ndljp/pid/286794/www.mext.go.jp/b_menu/houdou/18/04/06032701/009.pdf（参照：2024-01-10）

ブレット、スマートフォンといった各種デバイスの所有率など、客観的事実として人々の情報行動の変化は明らかであり、図書館もまたその変化に対応していく必要がある。

　幼児からiPhoneやiPadの動画サイトを見て暮らし、小学生ともなればタブレット端末を使った通信教育を利用し、公共図書館の電子書籍サービスが始まれば真っ先に利用するのはむしろ高齢者で、視覚に障害のある人たちがパソコンのスクリーンリーダー機能で「本」を聴いているのが現在の人々の情報行動の実態である。特に、小学校におけるプログラミング教育、中学校、高等学校、大学におけるタブレットやパソコンを利用する授業など、ICTの利活用は次世代にとっては喫緊の課題でもある。

　つまり、人々の情報行動は「分からないことがあったら書店や図書館に足を運ぶ」のではなく、まずインターネットにより「検索」することが一般的であり、これはデジタル・ネットワーク社会において従来の紙媒体の図書や雑誌を中心とした知識情報基盤が、ICT技術を活用することによって変化したと考える必要がある。この変化がまったく理解できなければ、公共図書館は時間が止まった「正倉院」となるしかないだろう。そして、電子書籍の提供のような電子図書館サービスを「時期尚早」とする考え方からいずれ生まれて来るのは、電子資料に関して図書館は役に立たないとする「図書館不要論」だろう。

　むしろ、「検索」の時代の中で、的確に典拠を示し、客観的事実として引用することが出来るような信頼に足る情報を、電子書籍、電子雑誌、データベース、インターネット情報資源などの電子資料から探索し、その資料を活用して次の新たな知見を生み出すために、大学図書館だけでなく、公共図書館においても利用者への電子図書館サービスの提供とその高度化を図る必要がある。つまり、Googleがあれば図書館は不要と考えてしまうのは、情報の精度や質的信頼度に対する無知から生じる誤解なのである。

3　ディスカバリーサービス

1　従来の図書館における資料検索

　公共図書館では後に述べるように現時点では、2018年4月にディスカバリーサービスを開始した長崎市立図書館しか導入事例がないが、すでに主だった大

学図書館では導入されている。実際に「ディスカバリーサービス」による検索の実例をここで見ておこう。

図1は立命館大学図書館のホームページである。画面左上の部分に「情報検索（基本）」とあって、その下に「RUNNERS OPAC（蔵書検索）」と「RUNNERS Discovery（まとめて検索）」と2つの検索窓が用意されている。

「RUNNERS OPAC（蔵書検索）」は多くの図書館で採用されている蔵書検索システムであり、図書館が所蔵する図書、雑誌、視聴覚資料を検索することができる。

例えば次のようなレポート課題のテーマが学生に示されたとしよう。

「平安時代の貴族にとって和歌はどのような意味を持っていたのかを整理して示し、今日の社会における文芸の位置付けとの違いを論じなさい」

そうすると学生は大学図書館のホームページからOPAC（オンライン閲覧目録）を利用して検索するだろう。まず、検索窓に「平安時代」と入力すると、検索結果一覧に該当件数1,104件、「貴族」と絞り込み検索をすると58件、さらに「和歌」と絞り込むと図2のように1件の該当資料がヒットする。

図1　立命館大学図書館トップページ

図2　「平安時代」→「貴族」→「和歌」の絞り込み検索結果

この1件の資料を見ると「和歌と貴族の世界：うたのちから ：歴博・国文研共同フォーラム／国立歴史民俗博物館編　東京：塙書房 , 2007.3」という詳細詳細、配架場所と請求記号などが表示されるので、「衣笠図書館 閲覧室」のNDC（日本十進分類法）の「911.13」を手掛かりに書架まで行くことになる。従来であれば、OPACでこれしかヒットしなかったのだから、利用者はとりあえずこの文献を調べてみることになるだろう。

しかし本当に適合する資料はこれだけなのだろうか。

2 ディスカバリーサービスがもたらす検索結果の豊富さ

「RUNNERS Discovery」（まとめて検索）に「平安時代　貴族　和歌」とキーワードを入力すると、この3つの語を含む資料が図3のように『華族制の創出』など合計2,449件もヒットする。

電子書籍の『華族制の創出』というタイトルをクリックしてみると、先程の

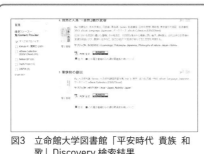

図3　立命館大学図書館「平安時代 貴族 和歌」Discovery 検索結果
電子書籍『華族制の創出』

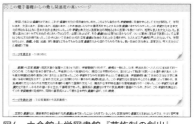

図4　立命館大学図書館『華族制の創出』
「この電子書籍からの最も関連度の高いページ」スニペット表示

序章　日本における貴族制の展開

級の重さがみられるという意義が見出される。このように、当時は家柄と政治権力とが不
氏が清和源氏の流れ新田氏の後裔というのも今日の研究からは信じられていないが、そう
ることに徳川氏の権力の伝統的基盤があった。これは要するに源平更迭思想による造作で
藤原氏の貴族政権は平城京（奈良）、平安京（京都）を中心に成立したもので、きわめて
あった。この都は古来の文化の凝結点であると同時に、大陸文化受容の中心地であった。
化は大陸文化の影響がつよく、しかも、これを受容しうるのは貴族だけであり、これが貴
らしめた。このような条件から平安時代に京都を中心として文化が開花して、学問にあれ
にあれ、絵画にあれ、これを創出したものは藤原氏を中心とする公家貴族にほかならなか
は日本文化の幹となるとともに日本文化の古典となった。この平安古典文化は武家政治の
も受けつがれ、粗野な武人を文化人とした。武家は武力にすぐれても文化の点においては
ばず、その貴族化は公家化にほかならず、ついに幕末に至るまで武家にとって公家はつ
た。この点において日本の古代の公家貴族は独自の文化上の立場を持ち、たとえば江戸時
も、学問はもとより、和歌、小説、絵画、また書道などをみてもみな公家貴族文化から
長い日本の文化史は、武家文化、町人文化などと時代の下降とともにつぎつぎと新しい
公家文化の源泉的地位はついに幕末まで覆らなかった。
(五) 貴族たる条件には政治的権力とともに財力がなければならない。ただし、これは地位・
的な支えである。藤原氏や諸大名はその地位に伴う俸禄による収入で、莫大な財力を持
た。ところが近世の町人貴族となると財力が貴族性の根幹となった。これは家柄は低いが

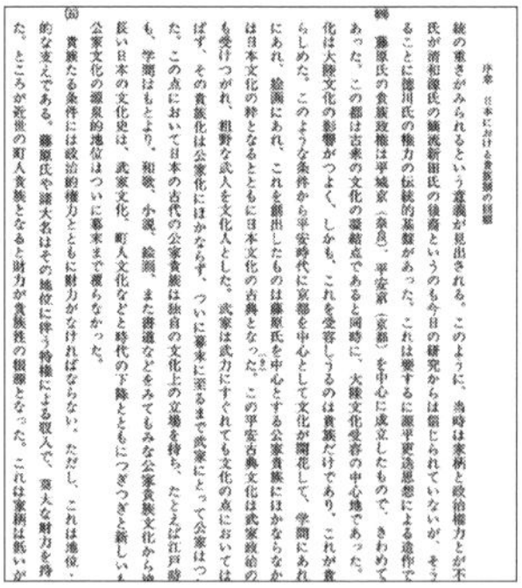

図5　立命館大学図書館
『華族制の創出』電子書籍本文

3つのキーワードを含む本文ページが図4のようにスニペット表示され、さらに詳細画面をみると、図5のように本文ページが表示される。

このように立命館大学図書館が利用者に提供している「RUNNERS Discovery」（まとめて検索）」は、従来のような書誌的記録を検索するための手がかりになるタイトル、著者、件名、分類記号といった標目（heading）、刊行年や各種の標準番号やコード化情報といったアクセスポイント（access point）だけではなく、資料の全文（full text）を横断的に検索して関連するページを表示することが可能となっている。

この例では立命館大学図書館が契約している「EBSCOhost eBook Collection」という電子書籍の本文がヒットし、大久保利謙著『華族制の創出』（吉川弘文館、1993年刊行）という適合文献を探索することができた。つまり、図書館がこれまで伝統的に行ってきた件名や分類記号、内容細目の付与といった目録整理の手法ではなく、本文をテキストデータ化することによって統合的に検索することが可能になったのである。

ディスカバリーサービスによって、『華族制の創出』の6ページの「受容しうるのは貴族だけであり、これが貴族を文化の保持者たらしめた」「平安時代に京都を中心として文化が開花して、学問にあれ、文芸にあれ、芸能にあれ、絵画にあれ、これを創出したものは藤原氏を中心とする公家貴族にほかならなかった」「たとえば江戸時代の町人文化にしても、学問はもとより、和歌、小説、絵画、また書道などをみてもみな公家貴族文化から流れでたものである」といった、日本における公家文化がその後の江戸期の町人文化にまでつながっているという記述を利用者は容易に発見することが可能となり、この資料をレポート課題の関連資料として利用することができるわけである。

このように探索したいキーワードによって単行書の本文から適合する箇所を見つけるということは、紙媒体の図書ではきわめて困難であり、ここにディスカバリーサービスがもたらす画期的な可能性をみることができるのである。

3 公共図書館とディスカバリーサービス

立命館大学「電子出版活用型図書館プロジェクト」では、これまで大学図書館にしか導入されていなかったディスカバリーサービスについて2017年度、

国内初となる公共図書館向けトライアルを EBSCO、図書館流通センターの協力によって開始し、参加館が11館となった。

2017年6月1日、「立命館大学大学院文学研究科 文化情報学専修 公開セミナー ディスカバリーサービスが変える公共図書館─いよいよ始まるトライアル」を開催し、そのトライアル結果をもとに2017年10月19日「立命館大学大学院文学研究科 文化情報学専修 公開セミナー ディスカバリーサービス公共図書館版─トライアル中間報告会」を開催、京都府立図書館、大阪市立中央図書館からの導入結果の発表が行われた。

そして2018年3月6日に、「立命館大学大学院文学研究科 文化情報学専修 公開セミナー 日本初・公共図書館におけるディスカバリーサービスのトライアル最終報告会」を立命館大阪梅田キャンパスで開催、ここでは長崎市立図書館と明石市立図書館からの事例発表が行われた。

トライアル終了後の2018年4月、国内で初めてディスカバリーサービスが長崎市立図書館で導入された（巻末資料参照）。すでに主要な大学図書館においては適合文献の探索に大きな効果を発揮しているディスカバリーサービスが公共図書館に導入されることによって、これからのレファレンスサービスも大きく変化していくだろう。

少なくとも、複数のデータベース、そして電子書籍を導入している図書館にとって、本文のキーワードから統合的に検索できるディスカバリーサービスはきわめて重要な役割を担うことになることは明らかである。

本稿では、ディスカバリーサービスの実証実験に参加した明石市立図書館に実際にディスカバリーサービスが導入されることによって、それが明石市の総合計画の実施にいかにつながっていくかを問題提起するために「電子出版活用型図書館プロジェクト」として作成した素案を示したい。

明石市では2011年3月、これから10年のまちづくりの指針となる「明石市第5次長期総合計画」を策定し、「ひと まち ゆたかに育つ未来安心都市・明石」を目指すまちの姿に定めている。

そして、戦略の展開として次の5つを掲げている。
（1）安全・安心を高める
（2）自立した温かい地域コミュニティをつくる
（3）明石らしい生活文化を育てる

（4）まちを元気にする

（5）一人ひとりの成長を支える

　それぞれの計画に関して、ディスカバリーサービス導入はどのような利便性を発揮できるのであろうか。

（1）安全・安心を高める

①日常生活の安全性

　地域の防犯対策、交通安全対策、公共機関のバリアフリー化などに関する電子書籍を購入すると同時に、パンフレット、リーフレット、ニュースレターなどの情報を電子書籍化し、ディスカバリーサービスで検索可能にする。

②防災対策・災害復興

　災害の歴史、被害・救援・復興などに関する電子書籍を購入すると同時に、パンフレット、リーフレット、ニュースレターなどの情報を電子書籍化し、ディスカバリーサービスで検索可能にする。

③健康医療情報

　各種疾病とその治療法、手術、入院、セカンドオピニオンに関する情報、退院後の療養、食品・栄養・食事療法に関する情報、薬に関する情報、闘病記、公的支援に関する情報などに関する電子書籍を購入すると同時に、パンフレット、リーフレット、ニュースレターなど健康や医療に関する情報を電子書籍化し、ディスカバリーサービスで検索可能にする。

（2）自立した温かい地域コミュニティをつくる

①主体的な地域活動

　「地域活動ファイル」を電子書籍化し、明石市電子図書館の「ふるさと資料」にアップロードすることにより、さまざまな地域活動について検索可能とする。

②高齢者の活躍

　高齢者がもつさまざまな技能や情報を登録し、地域活動に活かすための「高齢者活動ファイル」を電子図書館にアップロードする。

③認め合う開かれた地域をつくる

　日本語を母語としない在住外国人を対象とした多言語対応電子書籍をコレクションし、ディスカバリーサービスによって、課題解決に必要な情報を検索し、

入手することが出来る環境を整備する。

(3) 明石らしい生活文化を育てる
①自然環境の保持
　生物の多様性、自然との共生などに関する電子書籍を購入すると同時に、パンフレット、リーフレット、ニュースレターなどの情報を電子書籍化し、ディスカバリーサービスで検索可能にする。
②スポーツ・文化芸術・歴史に親しめる環境
　例えば、美術館、博物館等の図録やパンフレット、ニュースレターなどを電子化し、ディスカバリーサービスで検索可能にして、必要な資料が必要な時に市民の誰もが入手できるようにする。
③食・海・時を暮らしに生かす
　明石のブランド力を高めるために、特に「明石だこ」「明石海峡」「天文科学館」などに関連するパンフレット、リーフレット、ニュースレターなどを電子化し、ディスカバリーサービスで検索できるようにする。

(4) まちを元気にする
①地域産業活性化
　地域産業活性化などに関する電子書籍を購入すると同時に、パンフレット、リーフレット、ニュースレターなどの情報を電子書籍化し、ディスカバリーサービスで検索可能にする。
②中心市街地の魅力を高める
　明石駅前の「パピオスあかし」2階のジュンク堂書店、4階のあかし市民図書館、5階の子ども図書室の蔵書合計が100万冊以上であるという「日本一の本のビル」の特性を生かして、本に関するイベントの開催と共に、出版や図書館などに関する電子書籍を購入し、パンフレット、リーフレット、ニュースレターなどの情報を電子書籍化し、ディスカバリーサービスで検索可能にする。
③明石のファンを増やす
　明石に関する電子書籍を購入すると同時に、パンフレット、リーフレット、ニュースレターなどの情報を電子書籍化し、ディスカバリーサービスで検索可能にする。

(5) 一人ひとりの成長を支える

①育児支援

子育てに関する電子書籍を購入すると同時に、パンフレット、リーフレット、ニュースレターなどの情報を電子書籍化し、ディスカバリーサービスで検索可能にする。

②質の高い教育

親子で作るデジタル絵本の制作ワークショップをあかし市民図書館で開催し、出来上がった作品を「明石市電子図書館」で公開すると共に、絵本や児童書の電子書籍を購入し、子ども関係のパンフレット、リーフレット、ニュースレターなどの情報を電子書籍化し、ディスカバリーサービスで検索可能にする。

③幅広い世代の意欲を育む

図書館を使った調べる学習コンクールの開催や、探求型の読書を推進し、あらゆる世代が図書館資料を活用して、生涯学習を楽しめる明石市の文化を創出する。

このように、明石市立図書館に「ディスカバリーサービス」を導入することは、明石市民の様々な課題解決に直結し、電子図書館サービスを利用することによって市民的価値を高めるきわめて強力な手段になると考えられる。

4 知識情報基盤の変化

日本の公共図書館の特徴は、利用者に館外貸出をいかに多く行うかということが重視されるいわゆる「貸出し中心主義」にあった。

1963年、日本図書館協会より刊行された『中小都市における公共図書館の運営』（いわゆる「中小レポート」）によって図書館界では「中小公共図書館こそ公共図書館のすべて」という主張が展開され、それまでの大図書館による保存に重点を置いた図書館像が大きく変わることとなった。

そこでは公共図書館の本質的機能は資料を求めるあらゆる人々やグループに資料を提供することであるとされ、それが1970年の『市民の図書館』（日本図書館協会）によって、(1) 貸出しサービス、(2) 児童サービス、(3) 全域サービスが重視され、公共図書館における「閉架制」から「開架制」への移行、

「館内閲覧」から「館外貸出し」重視へという変化が1960年代から1970年代の間に日本の公共図書館の世界に定着したのである。

　しかし、「中小レポート」から50年以上経った現在、さまざまな自治体において「貸出型図書館」から「滞在型図書館」への移行が見られるようになった。つまり、「貸出し中心主義」はほぼ半世紀を経て、相当程度に制度疲労を起こし、今日の利用者からは新しい「公共図書館像」が求められているのである。

　このような公共図書館をめぐる状況の変化の中で「電子出版活用型図書館プロジェクト」は、管理者側ではなく利用者を主体とした図書館サービスへの組み替えを意図している。また著作物がさまざまな形で活用されることを中心に据えている。これまで図書や雑誌を中心に語られ過ぎていた公共図書館像を、もっと広く情報全般へと拡げ、文字情報だけでなく、音声、静止画、動画も活用し、知識情報基盤の根底を変えることを目的としたプロジェクトとして、今後さらなる展開をめざしていく予定である。

【参考】

報道関係者　各位

2018年6月1日
立命館大学
株式会社図書館流通センター
EBSCO Information Services Japan 株式会社

立命館大学、図書館流通センター、EBSCO

公共図書館におけるディスカバリーサービスの運用を

　立命館大学（京都市北区）、株式会社図書館流通センター（東京都文京区、以下：TRC）、EBSCO Information Services Japan 株式会社（東京都中野区、以下：EBSCO）は、2018年4月2日より、長崎市立図書館でディスカバリーサービス（以下、本サービス）※1の運用を開始いたしました。

　本サービスは、図書館の蔵書データベース（OPAC）と、新聞や事典などのオンラインデータベースを統合検索することで、蔵書検索だけでは見つけられなかった過去の新聞記事や本の中身など、利用者が必要な情報を発見しやすくする仕組みです。これまで大学図書館で導入が進んでいました。

　立命館大学の「電子出版活用型図書館プロジェクト（研究代表者：立命館大学文学部教授・湯浅俊彦）」※2は、市民の情報リテラシーを高める取り組みとして、公開セミナー「ディスカバリーサービスが変える公共図書館：いよいよ始まるトライアル」などを開催し、TRC、EBSCO とともに、公共図書館に本サービスのトライアル（実証実験）参加を呼びかけ、公共図書館11館がトライアルに参加しました。

　本サービスの導入により、長崎市立図書館は、利用者が希少な情報に自由にアクセスすることが可能になりました。立命館大学、TRC および EBSCO は、今後も ICT を活用したレファレンスサービスの高度化を図るとともに、国内の公共図書館における本サービスの普及に努めて参ります。

※1　ディスカバリーサービスとは
図書館が提供する様々なリソースを同一のインターフェイスで検索できるサービスのこと。情報の「Discovery（発見）」を支援するサービスという意味がある。通常は、OPAC（オンライン蔵書目録）、電子ジャーナル、データベース、機関リポジトリ等、収録対象や検索方法が異なるリソースを使い分ける必要があるが、ディスカバリーサービスにおいては、これらを一括検索することができる。
また、高度な検索スキルがなくとも求める情報を容易に入手できるように、使いやすいインターフェイスや、適合度によるソート、絞込み、入力補助などのユーザ支援機能を備えている。

出典：「用語解説：文部科学省」
http://www.mext.go.jp/b_menu/shingi/gijyutu/gijyutu4/toushin/attach/1301655.
htm)

※2 「電子出版活用型図書館プロジェクト（研究代表者：湯浅俊彦）」とは

立命館大学アート・リサーチセンターの「日本文化デジタル・ヒューマニティーズ拠点
2018年度 研究拠点形成プログラム」の研究プロジェクトとして採択された。電子出版を
活用した新たな図書館モデルを構築することを目的として研究を行い、従来の図書館サービ
スについてICTを活用することによって高度化し、図書館利用者の立場を重視した具体的な
サービスの実用化に向けた「課題解決型リサーチ」を行う。

問い合わせ先

【立命館大学】

〒603-8577京都市北区等持院北町56-1

立命館大学大学院文学研究科・行動文化情報学・文化情報学専修

「電子出版活用型プロジェクト」（研究代表者：湯浅俊彦教授）

TEL：075-465-8187　FAX：075-465-8188

【株式会社図書館流通センター】

〒112-8632　東京都文京区大塚三丁目1番1号

株式会社図書館流通センター　広報部　尾園清香

TEL：03-3943-7015　FAX：03-3943-8441

【EBSCO Information Services Japan 株式会社】

〒164-0001東京都中野区中野2-19-2 中野第ⅠOSビル 3階

EBSCO Information Services Japan 株式会社

TEL：03-5342-0701　FAX：03-5342-0703

E-mail：jp-ebscohost@EBSCO.COM

【長崎市立図書館】

〒850-0032　長崎市興善町1-1

TEL：095-829-4946　FAX：095-829-4948

（レファレンス担当）

第 6 章

次世代に向けた
新たな
公共図書館の構築

本章の内容

本　章は、公共図書館の機能と役割が、地域資料のアーカイブ、また時代を超えて閲覧可能な多種多様な図書館情報資源の生産、収集、利用、保存であることを踏まえ、これからの図書館像を探求する実践的な活動を示し、考察を行う。

「保存のための図書館」から「貸出型図書館」、そして現在多くの地方公共団体で取り組まれている「滞在型図書館」へと、これまで公共図書館はその目指す方向性を大きく変化させながら利用者に対する図書館サービスを行ってきた。

その中で現在、電子図書館サービスの多面的展開が注目されている。ここでは、特に自治体資料の電子書籍化と読書アクセシビリティの実現に焦点を当て、従来型の図書館サービスとどういった点で異なるのかを明らかにした。

すなわち、図書館の使命は利用者の自己実現や市民的価値の創出に繋げていくことにあり、図書館情報資源の変遷に常に機敏に対応し、次世代に向けた取り組みこそが必要であるという点にあると言えよう。

第1節 公共図書館の変化

1 「貸出型図書館」から「滞在型図書館」への移行

　日本の公共図書館の特徴は、利用者に館外貸出をいかに多く行うかということが重視される、いわゆる「貸出中心主義」にあった。

　1963年に日本図書館協会が刊行した『中小都市における公共図書館の運営』（いわゆる「中小レポート」）は、中小公立図書館の運営指針となり、図書館資料を求めるあらゆる人々やグループに無料で資料を提供することを図書館の本質としたのである。

　しかし、この「中小レポート」から50年経った2013年4月に開館した佐賀県の武雄市図書館は、これまでの「貸出型図書館」から「滞在型図書館」への移行を象徴する図書館となった（第5章「武雄市図書館訴訟『意見書』」参照のこと）。

　つまり日本の公共図書館の「貸出中心主義」は相当程度に制度疲労を起こし、今日の利用者からは新しい「公共図書館像」が求められているのである。その結果、さまざまな自治体において、新図書館を建設するタイミングで複合施設化し、「貸出型図書館」から「滞在型図書館」への移行が進展している。

2 課題解決型サービスと電子資料

　一方、市民の仕事と生活に直結する「課題解決型サービス」を担うことが、今日の公共図書館の任務となっている。具体的には「ビジネス支援サービス」「子育て支援サービス」「健康・医療情報サービス」「法律情報サービス」「行政

支援サービス」など、多様で重層的な利用者支援サービスが重視される傾向にある。

このような「課題解決型サービス」においては、最新の情報を入手するためにこれまでの紙媒体の図書や雑誌だけでなく、電子書籍、電子雑誌、データベースなど、図書館外部の情報資源を活用することが必須となる。

パッケージ系メディアとしての紙媒体は、刊行された直後から、正確に言えば編集、印刷、製本されている間にもその情報は陳腐化し、更新可能性がない点においてネットワーク系図書館情報資源である電子書籍、電子雑誌、データベースと比較して劣位となっている。

したがって、今日の図書館ではできるだけ多くの図書館資料を「所蔵」することではなく、むしろ図書館外部のネットワーク系図書館情報資源をいかに「利用」できるかという、利用者主体の評価基準が重要になってきているのである。

今日では、学術分野の学会誌や大学紀要などに掲載された記事や論文などが電子化され、公開され、検索可能になっているため、一般の利用者も最新の情報を利用することが可能となっている。

例えば、国立研究開発法人科学技術振興機構（JST）が運営する電子ジャーナルプラットフォーム「J-Stage」（科学技術情報発信・流通総合システム）では、国内の1,500を超える発行機関が発行する3,000誌以上の学会誌に掲載された500万点を超える記事や論文等を公開している[*1]。

また、日本国内の学術機関リポジトリに登録されたコンテンツのメタデータを収集し、提供するデータベース・サービス「IRDB」（学術機関リポジトリデータベース：Institutional Repositories DataBase）では、登録・公開されている記事・論文等は400万点近くあり、学術文献の公開が積極的に行われていることが分かる[*2]。

大学図書館だけではなく、公共図書館においても利用者に最新の知見を提供しなければ、図書館が発信する情報の信頼性が損なわれる可能性が高い。例え

[*1] J-Stage では、学術雑誌3,928誌に掲載された5,622,775 記事のうち5,396,544記事が本文まで閲覧・印刷することが可能となっている。https://www.jstage.jst.go.jp/browse/-char/ja（参照：2024-01-13）
[*2] IRDB では、公開している記事・論文3,976,193件のうち、本文まで閲覧・印刷可能な件数が3,025,010件、率にして76.08 % となっている。https://irdb.nii.ac.jp/statistics/all（参照：2024-01-13）

ば、利用者が公共図書館の書架にある医学や法律に関する図書を手に取って、発行年が比較的新しいため最新の情報と考えることは当然であろう。ところが、利用者が図書館のレファレンスサービスを受けることになれば、そこでは書架の図書に書かれている内容は最新ではなく、医学関係のデータベースに最新の症例や治療法が存在することに気づかされるはずである。

　もちろん、レファレンス回答にあたっては図書館が利用者に医学的な指導を行うことはないが、今日の課題解決型サービスでは「健康・医療情報サービス」「法律情報サービス」に関して図書館情報資源を提供するだけでなく、専門家を図書館に招いて相談できる場を設定するなど、利用者の課題解決のために積極的に取り組む図書館が増えているのである。

　このように医学や法律の分野など、電子資料を利活用する領域は近年、増加傾向にあることは疑いえないだろう。公共図書館が電子図書館サービスを導入する必然性がここにあると言わねばならない。

第2節 自治体資料を電子書籍化する必要性

1 行政資料の電子化

　公共図書館が提供する電子図書館サービスにおいては、商業電子資料だけでなく、これからは自治体が作成している電子資料にもっと注目していく必要がある。

　公共図書館を設置する地方公共団体は、自らが著作権者である多くの行政資料を作成し、市民に向けて発信を行っている。それらの行政資料は重要な地域資料でもある。従来は紙媒体が中心であったが、今日ではPDFやHTMLのファイル形式で電子資料として発信することが多いのが特徴である。

　そして自治体がホームページ上で公開している市民向けの資料を、その自治体が設置した公共図書館が収集し、保存する動きが近年、急速に高まってきている。

　例えば神奈川県立図書館では、2015年4月から「神奈川県資料」（郷土資料及び行政資料）を機関リポジトリ機能のあるソフトウェアを導入して収集し、県のホームページで電子ファイルで提供している年報や統計書等の行政資料についてはアーカイブに登録している。

　その前年の2014年4月、神奈川県政策局情報公開課県政情報センターから神奈川県立図書館に連携要請があり、さらに2015年4月に県政情報センター、神奈川県立公文書館が連携して「神奈川行政資料アーカイブ」を設置、2015年10月から一般公開したという。

　そこで、神奈川県庁の各部署は行政資料の電子ファイルを県政情報センターに送付、それを神奈川県立図書館及び公文書館に送付する役割を明確化した覚

書を締結しているのである＊3。

　また、富山県立図書館は2017年6月、「行政資料デジタルデータ公開サービス」を開始したと発表を行っている。まずは県機関が刊行する行政資料のうち電子ファイルの形態のみで刊行されているものについて、富山県立図書館のOPAC（オンライン閲覧目録）で検索、閲覧できるようにしているという。特徴的なのは、ウェブサイトの更新により見ることができなくなった過去の電子ファイルが閲覧できること、今後も順次追加されていることである＊4。

　ほかにも、栃木県立図書館は2020年10月、「栃木県立図書館デジタルコレクション行政資料アーカイブ」の運用開始を発表している。これは栃木県が発行する行政資料のうち、県のウェブサイトで公開している統計書、年報等の電子ファイルの一部を収集・保存・提供するものであり、栃木県立図書館のOPAC（オンライン閲覧目録）での検索、閲覧が可能となっている＊5。

　埼玉県立図書館は2022年7月、埼玉県がインターネット上で公開している刊行物のデジタルデータ（デジタル行政資料）を「埼玉県立図書館デジタルライブラリー」で提供を開始したことを発表している。埼玉県立図書館は2021年度からデジタル行政資料の収集・保存を開始しており、2022年7月現在、180件のデジタル行政資料を公開、今後は埼玉県内市町村の発行するデジタル行政資料も収集、保存の対象としていくとしている＊6。

　このように自治体がホームページ上で公開している市民向けの資料を、公共図書館が収集、保存、提供する動きは、次の5点において共通しているように思われる。

(1) 近年、各自治体はこれまで紙媒体であった行政資料を電子ファイルで刊行することが増加していること。

(2) そのような電子ファイル化した行政資料を、公共図書館のOPAC（オン

＊3　「『神奈川県行政資料アーカイブ』の構築」『カレントアウェアネス -E1736』No.293(2015.11.26) https://current.ndl.go.jp/e1736（参照：2024-01-13）

＊4　「富山県立図書館、『行政資料デジタルデータ公開サービス』を開始『カレントアウェアネス　ポータル』(2017.6.2)https://current.ndl.go.jp/node/34090（参照：2024-01-13）

＊5　「栃木県立図書館、『栃木県立図書館デジタルコレクション行政資料アーカイブ』の運用を開始」『カレントアウェアネス　ポータル』(2020.10.1)https://current.ndl.go.jp/node/42146（参照：2024-01-13）

＊6　「埼玉県立図書館、埼玉県がインターネット上で公開している刊行物のデジタルデータを収集し公開」『カレントアウェアネス　ポータル』(2022.8.4)　https://current.ndl.go.jp/node/46605（参照：2024-01-13）

ライン閲覧目録）で検索、閲覧できるように取り組んでいること。

(3) とりわけ、ウェブサイトの更新により閲覧することができなくなった過去の電子ファイルを、閲覧できるようにしていること。

(4) 行政資料を生産している県庁内の各部署がその電子ファイルを、アーカイブする県の機関に送付する方式がとられていること。

(5) そして、県立図書館の任務として県内の市町村の刊行する行政資料の電子ファイルも収集、保存することを検討していること。

2 静岡県立中央図書館の自治体資料自動収集システム

このような取り組みの中で最も斬新かつ画期的な取り組みであったのが、2022年5月に静岡県立中央図書館が発表した「静岡県内の自治体ウェブサイトにアップロードされた要項・要領、広報誌、行政資料等のPDFを自動収集するシステム」であった。

国立国会図書館が発行する図書館及び図書館情報学における、国内外の近年の動向及びトピックスを解説・レビューする情報誌『カレントアウェアネス-E』No.438（2022.07.07）に発表された「地域資料収集としての自治体資料自動収集システムの開発」（杉本啓輔・静岡県立中央図書館企画振興課＝肩書は当時）によれば、このシステム開発は2021年度中に静岡県立中央図書館が行ってきた「図書館DX実証実験」の一部であるという。

この記事の概要は以下の通りである[7]。

杉本氏は、まず「開発の背景」として、次のように書いている。

（略）昨今ではウェブサイトに自治体資料をアップロードし、紙媒体の発行は行わない例も増えてきた。従来の要綱及び文書ではウェブサイトにしかない自治体資料は納本の対象外になっており、情報の更新やサーバ容量等の都合による定期的な削除または非公開化により、自治体資料にアクセスできなくなることが問題となっている。

---

[7]　杉本啓輔「地域資料収集としての自治体資料自動収集システムの開発」『カレントアウェアネス-E2510』No.438(2022.07.07) https://current.ndl.go.jp/e2510（参照：2024-01-13）

　　このことについて、当館では各ウェブサイトを定期的に目視確認する等、人手による収集を行ってきたが、収集漏れや職員の負担増という課題を抱えていた。

　そこで静岡県立中央図書館では、静岡県内に所在する株式会社 Geolocation Technology から技術提案を受けて、クローラによる自治体資料自動収集システムを開発したのである。そのシステム概要は次の通りである。

　　クローリングの対象は県内の自治体ウェブサイトであり、ドメイン内に格納されている PDF を収集する。（略）
　　収集した PDF は、Google ドライブで収集した日付ごとに、収集元のドメインと同じディレクトリ構造で、保存・管理される。各ドメインのクローリングについて、初回は、その時点におけるクローリング範囲内にある PDF を全て収集し、2回目以降の収集は4半期に1回、前回との差分（変更・追加・更新）を収集する。ウェブサイトの特性上、更新や非公開化に伴い閲覧できなくなることを踏まえ、収集したファイルは、最新のものに加えて、以前にバックアップしたデータも保存している。これにより、ファイルがいつ収集されたのかを確認しつつ、非公開になっても参照することが可能である。

　そして、このシステムの「有用性」は以下の通りである。

　　1点目は、収集量の多さである。2022年4月末時点で初回のクローリングを終え、収集できた PDF は45万5,133件だった。この量の自治体資料を人手により収集することが困難であることは容易に想像がつく。
　　2点目は、「どこから」「いつ」収集した PDF か判別しやすいことである。これは収集元のドメインと同じディレクトリ構造かつ世代で管理していることによる。ウェブサイトの更新や非公開化に伴い閲覧することができなくなる恐れがある自治体資料を、網羅的に収集し構造的に保存・管理できることは地域資料アーカイブの観点から見ても有用といえる。

最後に杉本氏は、「課題と今後の予定」を次のように記している。

> 以上のように、収集が難しかったウェブサイト上の自治体資料の収集可能性を高めたこのシステムは、地域資料収集という公共図書館が果たすべき役割を全うする一助たり得るだろう。
>
> 他方、このシステムを実装レベルとするにあたり課題もある。特に、収集した自治体資料を用いたサービスの開発及びそれを実施する前提となる目録作成に関して課題がある。膨大な自治体資料に対し、適切な目録を作成することは容易ではない。実のところ、現状において、このシステムは地域資料の収集と保存のためには有用であるが、整理と提供にまでは及んでいない。今後、こうした課題を受け止め、解決方法を模索していきたい。また、差分収集したPDFを中心に順次目録作成を行い、デジタルライブラリー「ふじのくにアーカイブ」で公開していく予定である。

『カレントアウェアネスE』に2022年7月7日に掲載されたこの文章を読んだ筆者は、ちょうど2022年7月26日の神戸市立三宮図書館の開館セレモニーに神戸市立図書館協議会会長として招待されていたため*8、神戸市立中央図書館長から神戸市長を紹介していただき、「自治体資料自動収集システム」についてお話することにした。当日は、残念なことに神戸市長の出席が急遽取りやめとなったが、副市長にこの件について申し入れることができた。

その結果、2022年9月16日に神戸市立中央図書館にて、神戸市立中央図書館長、総務課課長、利用サービス課長と、神戸市文書館担当の行財政局長と面談し、静岡県立中央図書館が開発した「自治体資料自動収集システム」の導入に向けて実証実験の提案を行った。

---

*8　サンテレビニュース「KIITO 三宮図書館 仮移転オープン」
　　神戸市立三宮図書館は、2027年に勤労会館跡地に完成予定の高層ビルに移転する予定のため、神戸市中央区にあるデザイン・クリエイティブセンター神戸、通称KIITO（キイト）の2階に仮移転することになり、26日、5年間の期間限定でオープンした。https://sun-tv.co.jp/suntvnews/news/2022/07/26/55928/（参照：2024-01-14）

3 アクセシビリティとディスカバラビリティの観点から

　筆者は、静岡県立中央図書館の研究開発の内容を検討し、実装化にあたっては次の点を加える必要があると考えていた。

　すなわち、ただ単に行政資料のPDFファイルを収集、保存、公開するだけでなく、（1）音声読み上げ対応により、視覚障害等を有する市民や、日本語を母語としない定住外国人の読書アクセシビリティを保障しながら、（2）本文検索機能を充実させて、ディスカバラビリティ（発見可能性）を高め、過去から現在までの行政資料を的確に市民に提供することの2点である。

　そのために、Geolocation Technology のクローリング技術、図書館流通センターが運営する電子図書館サービス「LibraiE & TRC-DL」の音声読み上げ技術と、ボイジャーのPDFから電子書籍の標準フォーマットであるEPUBに変換する電子書籍制作ツール「Romancer」などの最新技術を統合して、新たな電子書籍制作システムを構築することが重要であること。具体的には、実証実験を行って早期実装化をめざす取り組みについて、現時点での概要を説明し、意見をうかがいたいと申し入れたのである。

　結論としてはこの案件は全国の自治体にとってきわめて重要という認識はあるものの、神戸市立図書館は2021年に神戸市立名谷図書館を開館し、2022年に西図書館、2025年に垂水図書館、2026年に北図書館、2027年に三宮図書館と新館を次々と建設（または予定）していることから、自治体資料自動収集システムの実証実験を実施することが困難であるということであった。

　一方、筆者は静岡県立中央図書館の杉本啓輔・企画振興課主任（肩書は当時）に2022年9月8日、初めて電話し、9月21日10時00分〜12時00分に静岡県立中央図書館を訪問することが決定した。そして、筆者が担当している科研費「公共図書館の多様な活動を評価する統合的指標の開発」のヒアリング調査を実施したのである。

　ヒアリング調査には、静岡県立中央図書館の企画振興課の担当者である杉本啓輔氏と青木修氏、システム管理担当者の花村修氏、そして Geolocation Technology 顧問の遠藤寿彦氏に対応していただき、以下の点を聞き取った。

(1)「自治体資料自動収集システム」開発以前のデジタル行政資料の収集方法
　　　が静岡県下の市町（静岡県には村は存在せず）のウェブサイトを調査課地

域調査班の職員が目視でチェックし、収集してデジタルアーカイブにアップロードしていたこと。

(2)「自治体資料自動収集システム」による収集の方法については、クローラによるクローリングを実施している図書館事例は調べた限りではなかったこと。

(3) 収集の回数は、2022年4月末時点で初回のクローリングを終え、2022年9月に1回、今後隔月で「市町」のサイトと「県」のサイトを交互に月ごとに「差分」のクローリングを実施すること。

(4) 収集後の保存、管理は、グーグルドライブで行うこと。

(5)「自治体資料自動取集システム」に対する図書館としての評価としては、もともとは手作業であった行政資料の収集を、自動でこれだけの量を集めてくること。またリネームを自動でしてくることも利点である。大量に収集し、漏れがないこと。ディレクトリ構造をもったまま収集できることも利点であるということだった。

また、2022年9月21日の訪問時に、「第24回図書館総合展」主催者フォーラム（2022年11月14日オンライン開催）において筆者が企画し、コーディネーターを担当する「公共図書館における行政資料電子書籍化プロジェクト―新しい公共図書館の評価基準に向けて」に登壇していただくことも決まった。このフォーラムは新型コロナウイルス感染症拡大の中、オンライン形式で実施されることになった。

このフォーラムでは、従来は紙媒体で発行されていた行政資料が、今日ではPDF等の電子資料として市民に提供されている現況を紹介。静岡県立中央図書館が開発した市民向け行政資料のクローラによる自動収集システムと、筆者が提案した電子書籍化によるアクセシビリティ（音声読み上げによるバリアフリー化）とディスカバラビリティ（発見可能性）の実現に向けた取り組みについて、ディスカッションを行った。そして、これからの公共図書館の評価基準は、来館者数や貸出冊数だけではなく、図書館が生み出す市民的価値の創出にあることを広く図書館界に問題提起したのである。

登壇者は、杉本啓輔氏（静岡県立中央図書館 企画振興課企画班主任）、遠藤寿彦氏（Geolocation Technology 顧問、IT コーディネーター）、蒲生淳氏（ボ

イジャー企画部)、そしてコーディネーターの筆者の4名である。杉本啓輔氏と遠藤寿彦氏は、「地域資料収集としての自治体 Web サイトクローリングシステムの開発」、蒲生敦氏は、「自治体 PDF の活用：電子書籍化でアクセシビリティを拡張する」、筆者は、「行政資料電子書籍化プロジェクト討議資料」という3種の講演資料を準備し、討議を行った。

　静岡県立中央図書館の取り組みは、まず「2022年4月末時点で初回のクローリングを終え，収集できた PDF は45万5,133件」という収容量の多さに驚かされる。すでに述べたように、行政資料を収集する県立図書館の取り組み事例からすると、例えば180件といった数字が挙がっており、桁違いの多さである。
　行政機関の各担当部局から公共図書館宛に電子ファイルを送付してもらうのではなく、クローラによる自動収集システムを開発することによって、網羅的に自動収集し、タイトルを自動生成し、これを登録、公開することによって、市民の利用につなげている至便の方法を今後さらに精緻に考えていく必要はあるが、静岡県立中央図書館による自治体資料の電子書籍化は、公共図書館の原点を見直す上できわめて有効な取り組みであろう。

写真1　「第24回図書館総合展」主催者フォーラム（2022年11月14日オンライン開催）討議風景
　　　（右上：杉本啓輔氏、右下：蒲生淳氏、左下：遠藤寿彦氏、左上：湯浅俊彦）
出典：第24回図書館総合展ホームページ「公共図書館における行政資料電子書籍化プロジェクト」（討議資料3種と YouTube 動画を公開）https://www.libraryfair.jp/forum/2022/547（参照：2024-01-14）

　すなわち、商業出版物を購入し、貸出・閲覧に供する「無料貸本屋」的な機能ではなく、自らが著作権者である行政資料を電子書籍としてプロデュースする機能を図書館が果たすことにより、市民的価値の創出につながっていくからである。

　この行政資料電子書籍化プロジェクトは、今後多くの自治体で電子図書館サービスの中心的な存在になっていくと考えられる。そのためには、自動収集したPDFファイルを、筆者が提案した電子書籍化によるアクセシビリティ（音声読み上げによるバリアフリー化）とディスカバラビリティ（発見可能性）の双方を高める形にしていく必要がある。

第3節 読書アクセシビリティの観点から

1 誰一人取り残さない読書アクセシビリティの実現

　次世代に向けた新たな公共図書館の構築にとって、きわめて重要なのが読書アクセシビリティの観点から電子図書館サービスを導入し、誰一人取り残さない読書アクセシビリティの実現を達成していくことである。

　「誰一人取り残さない」という表現は、持続可能な開発目標（SDGs）に由来し、持続可能な開発目標（SDGs：Sustainable Development Goals）とは、「2030年までに持続可能でよりよい世界を目指す国際目標であり、17のゴール・169のターゲットから構成され，地球上の『誰一人取り残さない（leave no one behind)』ことを誓っている」[*9]。

　第3章第2節「2.　日本ペンクラブと読書アクセシビリティ」で引用した市川沙央著『ハンチバック』の文章を思い起こしていただきたい。

　「目が見えること、本が持てること、ページがめくれること、読書姿勢が保てること、書店へ自由に買いに行けること、——5つの健常性を満たすことを要求する読書文化のマチズモを憎んでいた。その特権性に気づかない「本好き」たちの無知な傲慢さを憎んでいた。」（p.26）

　これまで日本における出版や図書館の世界では、多様な理由により印刷物を読むことができないプリント・ディスアビリティの状態にある人々に対するアプローチがきわめて不十分であった。

[*9]　外務省「持続可能な開発目標SDGs（エス・ディー・ジーズ）とは」https://www.mofa.go.jp/mofaj/gaiko/oda/sdgs/about/index.html（参照：2024-1-17)

たしかに、点字資料、録音資料、拡大資料、拡大写本による図書館の障害者サービスは、1960年代の視覚障害者からの要求に応える形で社会福祉としての点字図書館だけではなく、社会教育としての公共図書館の任務として実施されるようになった歴史的経緯がある。

しかし、今日のICTを活用した音声読み上げ機能付き電子書籍のようなアクセシブルな電子書籍の貸出サービスの現況は、導入している図書館数、音声読み上げ可能なタイトル数の双方において決して十分なものとは言えない。

2016年4月に「障害を理由とする差別の解消の推進に関する法律」(略称「障害者差別解消法」)、2019年6月に「視覚障害者等の読書環境の整備の推進に関する法律」(略称「読書バリアフリー法」)がそれぞれ施行されてもなおアクセシブルな電子書籍の提供を実施しない図書館は、紙媒体を中心とする「読書文化」の特権性に対する批判をどのように受け止めているのであろうか。

市川沙央氏は『ハンチバック』(p.35)において、「健常者優位主義」に「マチズモ」とルビを振っている。そして、「アメリカの大学ではADAに基づき、電子教科書が普及済みどころか、箱から出して視覚障害者がすぐ使える仕様の端末(リーダー)でなければ配布物として採用されない。日本では社会に障害者はいないことになっているのでそんなアグレッシブな配慮はない。」(p.34)と書いているのである。

2 大学図書館における読書アクセシビリティと電子書籍

筆者が所属する追手門学院大学では、2023年10月よりNTT EDXが提供する電子教科書プラットフォーム「NTT EDX UniText」によって、音声読み上げ機能を有する電子教科書を学生に提供している。

そして、視覚障害等を有する利用者への提供に関して筆者は次のように発言している[10]。

＊10 「知の館・大学図書館を巡る　集い、創る場　銀色の輝き…『校友』がキャンパスの核に〈追手門学院大〉」『読売新聞』2023年9月28日付朝刊13版17面．　なお、「読売新聞オンライン」(2023年9月28日10:00)でも閲覧できる。
https://www.yomiuri.co.jp/kyoiku/kyoiku/news/20230927-OYT1T50279/ (参照：2024-01-17)

「使える資料が無限になる」。そう強調するのは、国際教養学部教授で図書館長の湯浅俊彦さん（＝引用者略）だ。新型コロナウイルス禍の20年度は館内を自由に使えなかったこともあり、電子書籍の利用件数は前年度の9.4倍に増えた。

電子書籍なら、（＝引用者略）視覚障害者らが音声読み上げ機能を使って "読む" こともできる。湯浅さんは「大学図書館こそ電子化を進め、誰もが教育を受けられるよう門戸を開いていかなければ」と語る。

追手門学院大学では「読書バリアフリー法」が施行される前の2019年4月より日本語タイトルの電子図書館サービスとして、大学だけでなく、追手門学院小学校、追手門学院大手前中高等学校、追手門学院中高等学校も国内で初めて同じ電子図書館サービス「LibrariE」（追手門学院幼稚園では2020年6月より）を導入、大学ではそれに加えて電子学術書を中心とする電子図書館サービス「Kino-Den」を導入している。

第2章第1節「3. 障害者サービス」にあるように、「LibrariE」の総タイトルが14万点あり、そのうち5万7,000点が音声読み上げ対応可能となっているが、今後も出版社、ベンダーの協力を得ながら音声読み上げ可能タイトル数を増やしていくプロジェクトを計画しているところである。

2023年3月14日、追手門学院大学の図書館委員会では、「追手門学院大学附属図書館の在り方について（報告）」として、「『読書バリアフリー法』に定められた『アクセシブルな電子書籍』として音声読み上げ機能を有する電子書籍導入により視覚障害、発達障害等を有する読書困難な利用者の読書アクセシビリティの実現をめざす」ことが発表された。

また2023年3月16日、大学図書館では学内の「2022年度第11回大学教育研究評議会」において「大学図書館DX —追手門学院大学モデルの構築」について（報告）」として、「本学図書館における紙版と電子版の比率を見直し、電子学術書を中心とした図書館情報資源体系を整備する」ことが発表された。

これは、「大学設置基準等の一部を改正する省令」（2022年10月1日施行）を背景としている。

すなわち、改正された省令では「第38条 教育研究上必要な資料及び図書館」は次のように定められた[*11]。

第三十八条 大学は、教育研究を促進するため、学部の種類、規模等に応じ、図書、学術雑誌、電磁的方法（電子情報処理組織を使用する方法その他の情報通信の技術を利用する方法をいう。）により提供される学術情報その他の教育研究上必要な資料（次項において「教育研究上必要な資料」という。）を、図書館を中心に系統的に整備し、学生、教員及び事務職員等へ提供するものとする。

文部科学省の解説によれば、改正前と改正後は次の点で異なるのである[*12]。

（改正前）

大学は、図書、学術雑誌等の資料を図書館を中心に系統的に備えるものとされ、図書館には閲覧室、整理室等を備えるものとされるなど、利用者が直接来館することを前提として規定。

審議まとめにおいて、「『図書』や『雑誌』等の表現については『教育研究に必要な資源』とするなど電子化やIT化を踏まえた規定に再整理する」こととされた。

（改正後）

図書館を中心に系統的に整備する資料の例示として、電子ジャーナル等を念頭に「電磁的方法により提供される学術情報」を加えるほか、図書館に閲覧室、整理室等を備えることを求める規定を削除するなどの改正を行う→紙の図書のみを想定したような規定は見直し、電子ジャーナル等を含めた教育研究上必要な多様な資料の整備促進等が期待。

文部科学省は今回の「大学設置基準等の改正」の趣旨として、次のように発表している[*13]。

[*11] 文部科学省「令和4年度大学設置基準等の改正について〜学修者本位の大学教育の実現に向けて〜」スライド52. https://www.mext.go.jp/content/20220930-mxt_daigakuc01-000025195_05.pdf（参照：2024-01-17）

[*12] 同上。

[*13] 文部科学省「令和4年度大学設置基準等の改正に係るQ&A」https://www.mext.go.jp/mext_02038.html（参照：2024-01-17）

　　図書館を中心に系統的に整備する資料の例として、電子ジャーナル等を
念頭に「電磁的方法により提供される学術情報」を加えるほか、図書館に
閲覧室、整理室等を備えることを求める規定を削除するなど、紙の図書の
みを想定したような規定を見直すこととし、教育研究上必要な多様な資料
の整備促進等を期待するものです。

そして、具体的な運用についてのＱ＆Ａとして次の例を挙げている。

　　Q53／図書館について、閲覧室、書庫、座席等に関する定めを廃止するこ
とにより、教育・研究水準の低下をまねくおそれが高いのではないでしょ
うか。

　　Ａ／今回の改正は、紙の図書や雑誌等を中心に、利用者が直接来館する
ことを前提とした規定について、電子化やIT化を踏まえた規定に見直し
たものであり、各大学等の実情に応じ、引き続き設備面での充実等も図ら
れていくものと考えています。

　つまり、紙媒体を前提とした大学図書館の運用を見直す大きな転換点を迎え
ていることを、文部科学省が全国の大学に改めて周知したのである。
　一方、学会の動きも急速に変化しつつある。今日の学術情報流通の世界では、
読書アクセシビリティの実現に関連して、著者の側にも大きな変化を求めてい
る。
　例えば、日本出版学会が2023年5月13日に開催した2023年度総会・春季研
究発表会ではワークショップ「アクセシブルなEPUB出版物の制作における
課題─日本出版学会学会誌を事例にして」が行われ、学会誌のアクセシビリテ
ィについて討議された[14]。
　日本出版学会の出版デジタル研究部会と出版アクセシビリティ研究部会の調
査研究の結果と考察として、論文中における「代替テキスト」について次のよ

＊14 日本出版学会「2023年度 総会・春季研究発表会のお知らせ（2023年5月13日開催）」https://www.
shuppan.jp/event/2023/04/12/2697/（参照：2024-01-17）

うな発表が行われたことは注目に値する[*15]。

　　一般論として、図表のどの部分に着目して欲しいかは執筆者に意図があるのだから、代替テキストは編集者ではなく、執筆者が用意すべきだろう。また学会誌の投稿規定に「図表に代替テキストを付けること」を明記すべきであり、代替テキストのない投稿論文は、リジェクトも含めて検討すべきだ。

　　一方、JIS［2022年8月に公開されたEPUB出版物のアクセシビリティを定めるJIS X 23761＝引用者注］では、キャプションや本文注の記述で図表の内容が分かるのであれば、代替テキストは不要となっている。たとえば理工系の文書のように本文中に図表の内容に言及があれば、代替テキストは不要である。

　つまり、学会誌の投稿にあたって図表については、自動音声読み上げが適切に機能しないため、投稿した者が「代替テキスト」を用意すべきであり、用意しない場合には雑誌編集者は投稿を拒否するという強い措置を講じるとしているのである。読書アクセシビリティの保障は今後、学会ではこうした基準が一般的になるであろう。

　学術情報流通の世界における電子資料の位置づけの変化は、読書アクセシビリティを保障するためにアクセシブルな電子書籍の活用を求める「読書バリアフリー法」の趣旨を理解すれば、公共図書館においても同じような対応をとる必要があることは明らかである。

3 「JIS X 23761：2022」と「電子図書館の アクセシビリティ対応ガイドライン1.0」の意義

読書アクセシビリティの保障を効果的に実現していくために2022年8月22

[*15] 「ワークショップ　アクセシブルなEPUB出版物の制作における課題―日本出版学会学会誌を事例にして」『日本出版学会会報』155号、p.11、2023.10.　なお、このワークショップの記録はYouTube動画で公開されている。日本出版学会「アクセシブルなEPUB出版物の制作における課題―日本出版学会学会誌を事例にして」https://www.youtube.com/watch?v=QKtqOvF5oKs（参照：2024-01-17）

日に経済産業省が策定した「JIS X 23761：2022」と、2023年7月19日に国立
国会図書館が公開した「電子図書館のアクセシビリティ対応ガイドライン1.0」
は、重要な意義を持つものであろう。

　視覚障害、発達障害、肢体障害等により印刷物での読書が困難なプリント・
ディスアビリティのある人たちにとって、電子書籍ストアで電子書籍を購入し、
音声読み上げ機能による読書をしようとした場合、アクセシブルなコンテンツ
の形式、代替テキストやキャプションのようなアクセシビリティ機能、電子書
店や電子図書館の側のビューワなどリーディングシステムの構築が必要である。
その要件を満たすように設計されたのが「JIS X 23761：2022」である。

　2021年7月から2022年3月まで、この規格の原案作成委員会の委員を務めた
植村要氏（国立国会図書館総務部企画課）は、「JIS X 23761：2022」の意義に
ついて次のように書いている[16]。

　　全盲の視覚障害者が電子書籍ストアで電子書籍を購入して読む場合を例
　に考えてみよう。（略）「JIS X 23761：2022」は「アクセシブルな品質の
　発見可能性」として、（略）例えば、視覚や聴覚というように、その電子
　書籍を読む際に用いる感覚の情報を「アクセスモード」として、また、代
　替テキストやキャプションのようなアクセシビリティに貢献する機能の情
　報を「アクセシビリティ機能」として提供することを求めている。これに
　よって利用者は、その電子書籍が、様々なアクセシビリティ機能を提供で
　きるように作成したEPUB出版物であればもちろん、特定のアクセシビ
　リティ機能だけを提供できるように作成したEPUB出版物であっても、
　それが自分に利用できるものであるかどうかを知ったうえで購入すること
　が可能になる。

　　このように、「JIS X 23761：2022」は、読書に困難を感じる人たちの電
　子書籍の利用に大きな利便をもたらすことが期待される。

　筆者は2023年12月15日、国立国会図書館東京本館にて国立国会図書館にお

＊16 植村要「電子書籍のアクセシビリティに関する日本産業企画」『カレントアウェアネス‐E　E2554』No.447（2022.11.17）https://current.ndl.go.jp/e2554（参照：2024-01-18）

ける読書アクセシビリティの取り組みに関して、植村要氏にヒアリング調査を実施し、その取り組みが着実に進展していることが明らかになった。

「読書バリアフリー法」を実現する具体的施策について文部科学省と厚生労働省が定めた「障害者等の読書環境の整備の推進に関する基本的な計画」(2020年7月)によると、「施策の方向性」の項目に「4. アクセシブルな電子書籍等の販売等の促進等（第12条関係）」の記載があり、基本的な考え方として、次の2点が示されている[17]。

「アクセシブルな電子書籍等の販売等が促進されるよう、技術の進歩を適切に反映した<u>規格等の普及の促進</u>、著作権者と出版社との契約に関する情報提供その他の必要な施策の推進を図る。」［下線＝引用者］

「また、視覚障害者等への合理的配慮の提供の観点から、出版者からの視覚障害者等に対する書籍に係る電磁的記録の提供を促進するため、その環境の整備に関する関係者間における検討に対する支援その他の必要な施策の推進を図る。」

そして、その具体的な取り組みの中に音声読み上げ機能に関する次のような記述がある[18]。

「音声読み上げ機能（TTS）等に対応したアクセシブルな電子書籍等を提供する<u>民間電子書籍サービスについて</u>、関係団体の協力を得つつ図書館における適切な基準の整理等を行い、<u>図書館への導入を支援する。</u>」［下線＝引用者］

以上、ここで取り上げた「規格等の普及推進」や「民間電子書籍サービスの図書館への導入支援」に関して、国立国会図書館が担う役割は大きいと考えられる。

一方、「JIS X 23761：2022」がプリント・ディスアビリティのある人たちにとって、きわめて有効であるように、国立国会図書館が公開した「電子図書館のアクセシビリティ対応ガイドライン1.0」は、さらに図書館へのアクセシブルな電子書籍の導入と利用に関して具体的な課題解決につながるものであった。

2023年7月19日、国立国会図書館は「電子図書館のアクセシビリティ対応ガイドライン1.0」の公開について次のように発表する。

＊17 文部科学省・厚生労働省「視覚障害者等の読書環境の整備の推進に関する基本的な計画」（令和2年7月）」p.13 https://www.mext.go.jp/content/000073559.pdf（参照：2024-01-18）
＊18 同上、p.14

　国立国会図書館は、「電子図書館のアクセシビリティ対応ガイドライン1.0」を公開しました。本ガイドラインは、電子図書館（商用の電子書籍を図書館を通じて提供するサービス）、視覚障害者等が利用するにあたって必要なアクセシビリティに係る要件を整理したものです。

　令和元年6月に、「視覚障害者等の読書環境の整備の推進に関する法律」（令和元年法律第49号）が施行され、令和2年7月には、同法第7条の規定に基づいて、文部科学省及び厚生労働省において「視覚障害者等の読書環境の整備の推進に関する基本的な計画」が策定されました。同基本計画は、音声読み上げ機能等に対応したアクセシブルな電子書籍等を提供する民間電子書籍サービスについて、関係団体の協力を得つつ図書館における適切な基準の整理等を行い、図書館への導入を支援することを求めています。「電子図書館のアクセシビリティ対応ガイドライン1.0」は、この施策を実施するものとして、国立国会図書館が事務局となり、「図書館におけるアクセシブルな電子書籍サービスに関する検討会」が作成したものです。

　このガイドラインは、公立図書館、大学図書館、学校図書館が民間の電子図書館を導入する際のアクセシビリティ仕様を検討したり、導入後のアクセシビリティ対応状況を確認すること、また電子図書館事業者は自社が提供する電子図書館の開発や改修の際に参考にしたり、地方公共団体などの電子図書館の調達において求められるアクセシビリティの要件を確認するために用いられることを想定しているのである。

　また、電子図書館がウェブサイト、ビューア、電子書籍コンテンツからなることを踏まえ、電子図書館がアクセシブルなものとなるためにはそれぞれの構成要素を検討する必要があることが明示されている。

　さらに、具体的な例を挙げることによって、分かりやすいものとなっている。例えば、附属資料として次のような利用ストーリーが示されているのである*19。

---

*19 国立国会図書館「電子図書館のアクセシビリティ対応ガイドライン1.0」p.42 https://www.ndl.go.jp/jp/support/guideline.html

附属資料 利用ストーリー

　視覚障害者等が電子図書館を利用する際の利用体験を、電子書籍の閲覧に至らなかった場合と至った場合とをストーリーにして記述する。特定の電子図書館の利用の際の実例ではなく、現状では提供されていないサービスも含めた記述をしている。閲覧に至らなかった場合と至った場合の分岐点については、ガイドライン本編「6 対応方法」に挙げられた「音声読み上げなどで想定される課題例」を参照いただきたい。

全盲のＡさん
【閲覧に至らなかった場合】

　自分の住む自治体の図書館が、コロナ禍で電子図書館の導入をしたことを知った。ふだん電子書籍を入手してスクリーンリーダーで読書をしているため、同じように電子図書館も利用できるのではないかと、図書館のウェブサイトを訪れてみた。しかし図書館のウェブサイトのどこから電子図書館に入れるのかが分からない。図書館に電話で問い合わせると、来館してから電子図書館の登録を行う必要があるとのこと。図書館自体の利用登録はしていても、電子図書館には別の登録が必要とのことだった。

　後日来館して登録を行う。図書館の端末で電子図書館の使い方を教えてもらおうと思ったが、図書館の端末にはスクリーンリーダーが入っていないとのことで、自宅に戻ってから使用してみる。

　スクリーンリーダーで、図書館のウェブサイトに入り、なんとか電子図書館の入口を見つける。クリックして、発行してもらったIDとパスワードを入力し、読みたかった本のタイトルを入力して検索してみる。ヒットしない。もしかしたら電子図書館ではその資料は提供されていないのかもしれない。どんなものがあるのかを調べるために、適当なキーワードを入れて検索してみる。検索結果一覧から資料を適当にクリックする。貸出しボタンを押して、閲覧を開始するが、本の文字をビューアが読み上げないために、全く読むことができない……。

　このような実際に利用することができなかった事例から、課題を顕在化させ、資料を必要とする利用者にアクセシブルな電子書籍を提供することを目的とし

てガイドラインは作成されている。ここで一部を取り上げた実務に対応できるように作成されたガイドラインは、今後も改訂を加えながら国内におけるアクセシブルな電子書籍の利用を促進していくと考えられる。

自身も全盲の植村要氏は筆者らと共に、2016年4月施行の「障害者差別解消法」に向けて、兵庫県三田市の視覚障害を有する市民の方々にモニターになっていただき、国内初の音声読み上げ機能付き電子書籍貸出サービスを開発・実装化した。つまり、2016年4月に大学と三田市、民間事業者の連携により三田市立図書館に「視覚障害者向け利用支援サイト」を立ち上げ、それが2023年12月時点で全国の333自治体に導入されることになった。

2022年8月に「JIS X 23761：2022」が策定され、2023年7月に「電子図書館のアクセシビリティ対応ガイドライン1.0」が公開されたことによって、音声読み上げ機能付きの電子書籍貸出サービスが全国の公共図書館や大学図書館、学校図書館に導入される可能性はさらに広がったと考えられる。それほどJIS規格策定とガイドラインの公開は、国内の読書アクセシビリティの実現に向けた大きな一歩であると言えよう。

「読書バリアフリー法」の趣旨を具体化するための取り組みはほかにも様々なものがある。筆者が委員を務めたものとしては、文部科学省 総合教育政策局 地域学習推進課 図書館・学校図書館振興室 図書館振興係が担当している「読書バリアフリーに向けた図書館サービス研修」がある。これは読書バリアフリー基本計画において、国において図書館サービス人材の育成を行うことが規定されていることから、「司書、司書教諭・学校司書、職員等の資質向上に資する研修や、障害当事者でピアサポートができる司書・職員等の育成等に資する研修を行う」事業を公募し、実施するものである[20]。

ほかにも文部科学省 総合教育政策局 地域学習推進課 図書館・学校図書館振興室 図書館振興係が管轄している事業としては、「読書バリアフリーコンソーシアム」があり、筆者も委員を担当した。「地方公共団体において読書バリアフリー基本計画による取組がより具体的に進展するよう、組織の枠を超えた取組や関係者間で連携した取組が行えるような体制の構築を図る必要があるとさ

---

[20] 文部科学省 総合教育政策局 地域学習推進課 図書館・学校図書館振興室 図書館振興係「読書バリアフリーに向けた図書館サービス研修」公募要領 https://www.mext.go.jp/content/20230607-mxt_chisui02-000008064_03.pdf（参照：2024-01-19）

れている。このため、地域において、公立図書館、学校図書館、大学図書館、点字図書館等の様々な館種の図書館や関係行政組織・団体等が連携した読書バリアフリーコンソーシアムを設置し、物的・人的資源の共有をはじめとした様々な読書バリアフリー推進のための取組を行う」という公募を行っているのである[21]。

　また、文部科学省 初等中等教育局 教科書課 教科用特定図書普及促進係が管轄している「教科書デジタルデータを活用した拡大教科書、音声教材等普及促進プロジェクト」、「教科書デジタルデータを活用した拡大教科書」事業、「特別支援学校（視覚障害等）高等部等における教科書デジタルデータ活用に関する調査研究」などの委員を担当したが、このような「読書バリアフリー法」の趣旨を具体的に実現させるための事業については、恐らくほとんど一般には知られていないだろう。つまり、法律を具現化させるためには多くの時間を使い、いろいろな人々が集まり、様々な企画を実施する地道な努力があることはもっと知られてよいと思うのである。

4 デジタル絵本と読書アクセシビリティ

　2018年6月10日、兵庫県明石市の「あかし市民図書館」において、「親子で作って楽しもう！デジタル絵本制作ワークショップ」を筆者の企画、あかし市民図書館との共同主催で、ゲスト講師に池下花恵氏（当時、立命館大学専門研究員、現在、相模女子大学メディア情報学科教授）を招聘して開催した。

　第1章第2節「5.明石市立図書館」で述べたように、4歳から10歳まで9名の子どもたちによるデジタル絵本の制作、発表を行った。そして「明石市電子図書館」への5作品の登録、公開により、2021年3月時点で369回の閲覧回数、つまり1週間に7回のペースで子どもたちの作品が閲覧されているのである。

　日本出版学会2019年度秋季研究発表会では、「シンポジウム　デジタル絵本における読書と制作—出版メディアの還流構造をデザインする」が開催された。

　まず池下花恵・相模女子大学准教授（当時、現在は教授）が報告者となって

＊21 文部科学省 総合教育政策局 地域学習推進課 図書館・学校図書館振興室 図書館振興係「読書バリアフリーコンソーシアム」公募要領 https://www.mext.go.jp/content/20230419-mxt_chisui02-000008064_05.pdf（参照：2024-01-19）

「デジタル絵本における読書と制作—デジタル絵本にみる子どもの情報行動の変化」をテーマに問題提起を行った。これを受けて村木美紀・同志社女子大学学芸学部メディア創造学科准教授と、実際に公共図書館におけるデジタル絵本制作ワークショップを開催した明石市立西部図書館の阪本健太郎館長代理（当時）、そして筆者によるパネルディスカッション「電子出版と子どもによる出版制作」が行われた。

このシンポジウムを企画し、コーディネーターを担当した筆者はその趣旨について、次のように書いた[22]。

子どもの読書環境の変化について、さまざまな言説が流布しているが、もっとも重要な点が欠落している。それは「読書」という受け手としての「子ども像」から、「制作」を行うことができる送り手としての「子ども像」への変化の問題である。例えば、親や保育者、あるいは図書館司書が絵本の読み聞かせを行うことが一般的であった時代から、今日ではデジタル絵本を子ども自身が制作し、発表し、学校や公共図書館が運営する電子図書館に電子書籍として流通、利用、保存することが可能になっている。出版における紙から電子への移行が与える影響を、子どもによる出版制作の観点から討議する。

このように公共図書館が市民に対して商業出版物の閲覧、貸出サービスを提供するだけではなく、新たな出版コンテンツをプロデュースし、それを電子図書館に登録、公開し、次の世代がこうした地域の公共図書館が発信するコンテンツを閲覧、利用するという「知の循環構造」を創出することがこれからの図書館に期待される役割であろう。

幼保連携型認定こども園 追手門学院幼稚園では、追手門学院大学とのICT活用型連携の一環として以下のような3回のデジタル絵本制作ワークショップを実施してきた[23]。

＊22 湯浅俊彦『電子出版学概論—アフターコロナ時代の出版と図書館』出版メディアパル、2020年、p.38

2020年1月10日

幼稚園の先生がデジタル絵本制作に挑戦〜追手門学院大学×幼稚園連携ワークショップ

https://youtu.be/HHSEq2PbK5Y

【概要】2020年1月10日に追手門学院大学図書館・情報メディア部の湯浅俊彦部長による追手門学院幼稚園との連携企画「デジタル絵本制作ワークショップ」を開催しました。

　今回絵本作りに挑戦するのは、幼稚園の先生9人。その場で考えた絵コンテをもとに、アプリを使って画像や文を配置し、わずか30分で完成させました。どんな作品に仕上がったでしょうか。ぜひご覧ください。

写真2　幼稚園の先生がデジタル絵本制作に挑戦〜追手門学院大学×幼稚園連携ワークショップ
https://youtu.be/HHSEq2PbK5Y（参照：2024-01-20）

2022年3月7日

追大×幼稚園 園児向けデジタル絵本制作ワークショップを開催

https://www.youtube.com/watch?v=eUBymroD-Wg

＊23 いずれの動画も OIDAI MOVIES（追大動画）より。https://www.otemon.ac.jp/guide/pr/movie.html（参照：2024-01-20)

　追手門学院大学 国際教養学部教授で図書館長の湯浅俊彦先生が、追手門学院幼稚園で園児向けにデジタル絵本を制作するワークショップを開催しました。

　指導してくださったのは相模女子大学の池下花恵准教授。スケッチブックに○△□から連想される絵を描いたり、自分の声をiPadを使って録音したり。どんな絵本に仕上がったでしょうか？動画をぜひご覧ください。

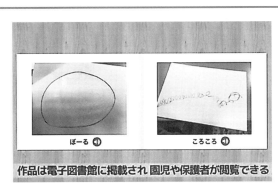

作品は電子図書館に掲載され 園児や保護者が閲覧できる

写真3　追大×幼稚園 園児向けデジタル絵本制作ワークショップを開催
https://www.youtube.com/watch?v = eUBymroD-Wg （参照：2024-01-20）

2023年7月25日

【追大×幼稚園】追大生がサポート！　幼稚園でデジタル絵本制作ワークショップ開催（追手門学院大学）

https://youtu.be/JjRyVVvQ1eI

　国際教養学部の湯浅俊彦教授と追手門学院幼稚園との連携企画で、園児がオリジナルのデジタル絵本を制作するワークショップを7月25日に開催しました。相模女子大学の池下花恵教授の指導の下、湯浅ゼミの学生5人が園児をサポートしました。

　絵本づくりは、グループごとに分かれて物語を考えるところからスタートし描いた絵をiPadを使って取り込み、ナレーションも吹き込みました。ダイジェスト動画では完成した作品の一部もご紹介しています。なお湯浅ゼミでは今後 地域でも子ども向けワークショップを開催し、絵本制作の楽しさを伝えて

いく予定です。

写真4　【追大×幼稚園】追大生がサポート！　幼稚園でデジタル絵本制作ワークショップ開催
（追手門学院大学）https://youtu.be/JjRyVVvQ1eI（参照：2024-01-20）

写真5　同上。

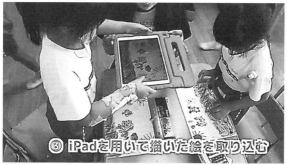

写真6　同上。

写真7　同上。

写真8　同上。

2024年1月21日

大学生のサポートでデジタル絵本を作ろう ～オリジナル絵本を iPad で作ります～

開催日時：2024年1月21日（日）13：30～15：30

場所：茨木市文化・子育て複合施設「おにクル」1階「まちなかの森　もっくる」

講師：池下花恵さん（相模女子大学学芸学部メディア情報学科教授）

監修：湯浅俊彦（追手門学院大学国際教養学部教授／図書館長）

サポート：追手門学院大学国際教養学部湯浅ゼミ学生5名

主催：茨木市文化・子育て複合施設おにクル、株式会社明日香×追手門学院大学

　ここで重要なことは、このデジタル絵本の制作にあたっては、必ず音声読み

写真9　「大学生のサポートでデジタル絵本を作ろう～オリジナル絵本を iPad で作ります～」
（2024年1月21日13：30-15：30、茨木市文化・子育て複合施設「おにクル」）（筆者撮影）

上げ機能を付与していることである。

　すなわち、子どもたちがデジタル絵本作成アプリの「BookCreator」や Apple 製デバイスに内蔵されている「Pages」を使って iPad でテンプレートを利用した様々な動物や風景を貼り付け、そこに物語の文字列を入力した時には自動音声読み上げ機能を活用して、音声を出力して発表を行う。また、スケッチブック等に直接クレパスで絵や文字を描いた場合は、iPad で写真撮影して画像を取り込み、録音機能でナレーションを録音して発表する。

　つまり、必ず視覚障害や発達障害等の子どもたちにもその内容を聴くことができるように制作しているのである。

　このようにして、子どもたちは特に障害者対応を意識することなく、自然な形でアクセシブルな電子書籍を制作し、楽しみながらナレーションを iPad のレコーディング機能で録音し、発表している。

　2023年11月26日、大阪府の茨木市役所に隣接して茨木市文化・子育て複合施設「おにクル」が開館した。この「おにクル」1階には茨木市の豊かな自然を屋内に再現し、雨の日でも外あそびが体験できる「まちなかの森　もっくる」があり、株式会社明日香が運営している。

　この「まちなかの森　もっくる」で2024年1月21日、追手門学院大学と明日香共催イベント「大学生のサポートでデジタル絵本を作ろう〜オリジナル絵本をiPadで作ります〜」が開催された。

　このデジタル絵本制作ワークショップは、2022年9月の段階で「おにクル」内の「屋内こども広場の設計・施行および管理運営業務」の応募を計画していた株式会社明日香より筆者が協力要請を受け、追手門学院大学の大学生が地域の子どもたちにICTを活用した新しい絵本作りのサポートを行うことを決めていたものである。

　この企画は、幼保連携型認定こども園 追手門学院幼稚園での3回にわたるデジタル絵本制作ワークショップの動画を明日香の関係者が視聴したことが発端となり、「茨木市屋内こども広場」の事業計画に取り入れていただいたという経緯がある。

　2022年11月、公募型プロポーザル選定結果により明日香が「おにクル」の「こども広場」の設計、施行、管理運営の受託者となり、2023年11月26日「おにクル」開館、そして2024年1月21日に追手門学院大学「湯浅ゼミ」の学生4名のサポートで、茨木市民の小学4年生2名、小学2年生4名の合計6名が「おにクル」1階の「まちなかの森　もっくる」にてデジタル絵本を制作したのである。

　そのデジタル絵本制作に先立つ2023年10月13日、筆者と追手門学院大学の図書メディア課坂倉斉主任の2名で茨木市立中央図書館を訪問し、吉田典子館長、川嶋智子資料係長らと面談、以下の3点を申し入れた。

(1) 電子図書館の相互連携事業の実施

　具体的には、追手門学院が運営する「OTEMON電子図書館」のうち大学が制作している「独自資料」と、茨木市立図書館が運営する「いばらき市電子図書館」の「郷土・行政資料」を双方の利用者が閲覧可能にする計画である。

　例えば、追手門学院ブックレットとして刊行された『対談「青が散る」から「野の春」まで―宮本輝氏×真銅正宏副学長』（追手門学院大学校友会、2020年3月刊）は追手門学院大学1期生で芥川賞受賞作家の宮本輝氏と、日本文学研究者である現在の学長が2019年4月に新しく開設された大阪茨木総持寺キャンパスにて、その年の6月30日に1階部分「WILホール」を舞台に対談を行っ

た記録である。

　元は紙媒体で刊行されたこの図書を大学図書館が電子書籍化し、「OTEMON 電子図書館」で公開していたが、これを茨木市民に利用していただきやすいように「いばらき市電子図書館」に無償でデータを提供し、ラインアップに加えていただくことが可能となる。

　逆に「いばらき市電子図書館」で提供されている『広報いばらき』や茨木市総務部危機管理課発行の『防災ハンドブック』を「OTEMON 電子図書館」を通じて追手門学院大学の学生に提供し、下宿生の茨木市での暮らしに役立てることもできるのである。

　ID・パスワードなしで学外の方も閲覧可能なタイトルであっても、別の電子図書館を見に行く行動はなかなか起こしにくい。茨木市立図書館の利用者が「いばらき市電子図書館」から追手門学院大学の「OTEMON 電子図書館」のタイトルのうち、一般公開可能なものを閲覧できるのであれば、双方の図書館にとって労力やコストをかけずに利用者の利便性を高めるものとなるだろう。

(2) デジタル絵本の制作作品の電子図書化とその公開

　茨木市文化・子育て複合施設「おにクル」で茨木市の子どもたちが制作したデジタル絵本を「いばらき市電子図書館」に登録し、広く市民に公開する。茨木の次世代を担う子どもたちがICTを活用して制作した作品が茨木市の電子図書館に保存され、制作した子どもたちがいつでも閲覧できることや、次の世代がその作品を閲覧してそこから新たな着想を得て、別の作品を新たに創り出すこともあるだろう。そのような「知の循環構造」を形成することを目的に、茨木市と追手門学院大学の官学連携事業を提案したのである。

(3) 茨木市の行政資料の電子書籍化

　公共図書館も大学図書館も共に、商業電子資料だけでなく、自らが著作権者である各種の情報資源を利用者に提供する、いわば図書館のプロデュース機能を発揮する時代である。

　茨木市であれば、各部局が制作した市民向けの電子資料を時間が経過しても図書館が保存し、検索可能な環境を整備することが必要であろう。とりわけ、膨大な情報資源の中から本文検索によってキーワード検索を可能とするディス

カバラビリティ（発見可能性）の実現、また音声読み上げ機能を付与することによってアクセシビリティ（読書バリアフリー）を高めることが重要である。

　追手門学院大学では2023年10月より学内で学生に提供する電子教科書の音声読み上げ機能の向上に取り組んでいる。このプロジェクトで得られた知見を茨木市と共有することによって、例えば日本語を母語としない定住外国人や海外からの留学生にも使いやすい日本語読み上げ機能を付与し、アクセシブルな電子書籍の積極的な提供を実践する提案である。

　そして、茨木市教育委員会と学校法人追手門学院は「独自資料の電子書籍化と情報共有に関する協定書」案を作成し、2024年2月22日に調印式が行われる予定である（本稿執筆時点）。

　もともとこの連携事業の発端は、追手門学院大学の真銅正宏学長が「学外の方への電子図書館の貸出システムについて検討したい」という意向をもっていたところから始まっている。図書館としては電子図書館サービスとして提供している商業電子資料を大学の構成員ではない学外の方へ貸し出すことは困難である。

　しかし、地域連携の中に大学図書館の電子図書館サービスを位置づけることは、非常に重要な問題提起であると受け止め、契約によって導入しているのではない非商業的な領域として大学図書館が著作権者である「独自資料」を茨木市民に提供する着地点を見出したということである。

　茨木市文化・子育て複合施設「おにクル」にて開催した「大学生のサポートでデジタル絵本を作ろう」は、次のような効果をもたらした。

(1) 茨木市の子どもたちが、茨木にある追手門学院大学総持寺キャンパスの学生のサポートを受けて、自分たちでストーリーを考え、絵や文章を創造し、音声もつけて、楽しく自分のデジタル絵本を制作することができる。

(2) そして制作したデジタル絵本を電子書籍化し、「いばらき市電子図書館」の「独自資料」として登録、公開することができる。

(3) 茨木市民は茨木市の子どもたちが作ったデジタル絵本を誰でもいつでも無償で閲覧することができる。

（4）子どもたちは「絵本を読む」「絵本を読み聞かされる」だけでなく、「絵本を作る」「作った絵本を発表する」ことにより、主体的に絵本を楽しむことができる。

（5）毎年、積み重ねることによって茨木市の子どもたちが作ったデジタル絵本のコレクションが茨木市立図書館でデジタルアーカイブ化され、次世代の新たな創造に結びついていく。

（6）ナレーションの録音や自動音声読み上げ機能を付けることによって、読書アクセシビリティを実現するスキルを子どもが自然に獲得することができる。

（7）「おにクル」内におにクルぶっくぱーくが開館したことから、この図書館でも電子図書館の絵本の閲覧が可能であり、リアルな場でデジタルの絵本を楽しむことができる。

また、2024年1月21日の「大学生のサポートでデジタル絵本を作ろう」の当日には、茨木市立中央図書館の吉田典子館長、茨木市こども育成部子育て支援課の藤井紫津子参事にも参加していただき、子どもたちがデジタル絵本を制作する現場で、これからの連携の方向性について話し合うことができた。

子どもたちが自身の手でデジタル絵本を制作しながら、音声読み上げ機能があることを自然なことと受け止め、それを電子図書館に登録、公開する。そして、結果的にそのコンテンツが読書アクセシビリティの実現に寄与し、印刷物での読書が困難なプリント・ディスアビリティのある人たちが誰一人取り残されない社会の形成につながっていく。

追手門学院大学が様々な人たちの協力によって実践しているデジタル絵本制作ワークショップは、決して特別な事例ではなく、ICT を活用することによってコストをそれほど必要とせず、図書館 DX（デジタルトランスフォーメーション）に貢献することだろう。

そして、それは日本語を母語としない定住外国人を対象とした多言語対応の「多文化サービス」などにもただちに応用できることだろう。

図書館 DX とは、ICT を活用することによって、次世代に向けた図書館のグランドデザインを描き出すことである。

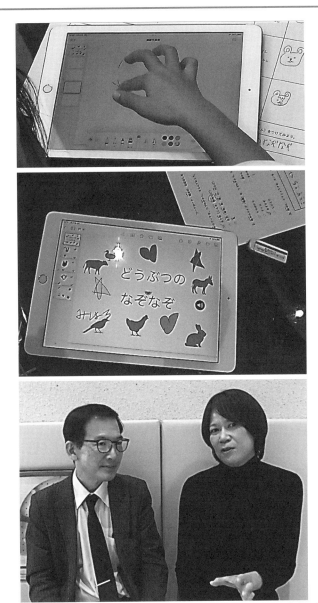

写真10 「大学生のサポートでデジタル絵本を作ろう」(「おにクル」会場にて筆者による茨木市
立中央図書館・吉田典子館長へのインタビュー風景(筆者設置のビデオカメラ撮影)

　国立国会図書館、公共図書館、大学図書館、学校図書館、専門図書館など、図書館はその館種の違いを乗り越えて、新しい取り組みを次々と開始していくだろう。その時、利用者主体の視点から斬新に、しかも継続的に、常に前進することが重要である。

　ニーチェがいうように「脱皮できない蛇は滅びる」のである* 24。

＊24「脱皮できない蛇」（ニーチェ著・秋山英夫訳編『愛と悩み』所収、社会思想研究会出版部、1960年、p41）
　　なお、追手門学院大学図書館「OPAC」（オンライン閲覧目録）では、この図書のように絶版や著作権保護期間が満了したタイトルなど100万点を超える国会図書館所蔵デジタル化資料が検索可能となっている。

あとがき

　本書は、じつに多くの人々のご協力をいただいて刊行することができた。まるで映画のエンドロールのように、本書を世に送り出すために惜しみなく力を貸してくれた方々のお名前とお顔が心に浮かんでくる。

　第1章では、ヒアリング調査にご協力いただいた札幌市図書館の淺野隆夫さん、石崎明日香さん、神戸市立図書館の鎌田寛子さん、明石市立図書館の阪本健太郎さん（いずれも当時のご所属、以下同様）。

　第2章では同じくヒアリング調査にご協力いただいた日本電子図書館サービスの二俣富士雄さん、新元公寛さん、紀伊國屋書店の簗瀬裕子さん、吉田ゆり子さん、大日本印刷の花田一郎さん、原平充さん、眞瀬智子さん、図書流通センターの金子哲弥さん、矢口勝彦さん。

　第3章では、作家の市川沙央さん、日本ペンクラブの桐野夏生さん、金平茂紀さん、落合早苗さん、篠田博之さん、そのほか言論表現委員会の委員のみなさん、日本文藝家協会の三田誠広さん、ABSC（アクセシブル・ブックス・サポート・センター）の小野寺優さん、田中敏隆さん。

　第4章では、初出誌の専門図書館協議会『専門図書館』編集委員のみなさん。

　第5章では、初出誌の『学図研ニュース』『文化庁月報』『論究日本文学』『情報処理学会誌』『立命館大学文学』『学校図書館』『出版ニュース（現在は休刊）』『情報学』の編集委員のみなさん。

　第6章では、静岡県の杉本啓輔さん、青木修さん、花村拓海さん、Geolocation Technology の遠藤寿彦氏さん、ボイジャーの萩野正昭さん、鎌田純子さん、長谷川智則さん、林純一さん、蒲生淳さん、神戸市の小原一徳さん、岡田宏二さん、谷口真澄さん、鎌田寛子さん、桝井里香さん、国立国会図書館の植村要さん、相模女子大学の池下花恵さん、同志社女子大学の村木美紀さん、幼保連携型認定こども園 追手門学院幼稚園の田中真一さん、明日香の外川裕司さん、茨木市立中央図書館の吉田典子さん、川嶋智子さん、追手門学院大学の真銅正宏さん、研究企画課、広報課、図書メディア課のみなさん。

　そして、「科研費：2019年度基盤研究（B）（一般）研究課題：「公共図書館の多様な活動を評価する統合的指標の開発」の研究代表者である同志社大学の原田隆史さん。

　また、これまで電子出版と電子図書館に関する調査やセミナー、シンポジウム、講演会の開催などを通して討議だけでなく、実践的な課題解決型リサーチに力強い支援をして下さった多くの方々にこの場を借りて深くお礼申し上げたい。

　最後に、この本を制作していただいた出版メディアパルの下村昭夫さん、羅針盤の瀧本英雄さん、あむの荒瀬光治さん、デザイナーの中西成嘉さん、本当にありがとうございました。

　2024年1月31日

湯浅　俊彦

索引

.

219

著書一覧

【単著・編著】

- 『電子出版学概論 —— アフターコロナ時代の出版と図書館』出版メディアパル 2020年11月
- 『電子出版活用型図書館プロジェクト —— 立命館大学文学部湯浅ゼミの総括』出版メディアパル 2019年3月
- 『ICT を活用した出版と図書館の未来 —— 立命館大学文学部のアクティブラーニング』出版メディアパル 2018年4月
- 『大学生が考えたこれからの出版と図書館 —— 立命館大学文学部湯浅ゼミの軌跡』（編著）出版メディアパル 2017年4月
- 『デジタルが変える出版と図書館 —— 立命館大学文学部湯浅ゼミの1年』（編著）出版メディアパル 2016年4月
- 『電子出版と電子図書館の最前線を創り出す —— 立命館大学文学部湯浅ゼミの挑戦』（編著）出版メディアパル 2015年3月
- 『デジタル環境下における出版ビジネスと図書館 —— ドキュメント「立命館大学文学部湯浅ゼミ」』（編著）出版メディアパル 2014年4月
- 『電子出版学入門〈改訂3版〉—— 出版メディアのデジタル化と紙の本のゆくえ』出版メディアパル 2013年3月
- 『電子出版学入門〈改訂2版〉—— 出版メディアのデジタル化と紙の本のゆくえ』出版メディアパル 2010年9月
- 『電子出版学入門 —— 出版メディアのデジタル化と紙の本のゆくえ』出版メディアパル 2009年6月
- 『日本の出版流通における書誌情報・物流情報のデジタル化とその歴史的意義』ポット出版 2007年12月
- 『出版流通合理化構想の検証 —— ISBN 導入の歴史的意義』ポット出版 2005年10月
- 『多文化社会と表現の自由 —— すすむガイドライン作り』（編著）明石書店 1997年5月
- 『「言葉狩り」と出版の自由 —— 出版流通の現場から』明石書店 1994年5月
- 『書店論ノート —— 本・読者・書店を考える』新文化通信社 1990年2月

【共著】

- 『国語の授業、最前線！—— デジタル出版ツール活用事例に見る ICT』ボイジャー 2023年7月
- 『図書館情報学事典』丸善出版 2023年7月
- 『図書館情報学用語辞典　第5版』丸善出版 2020年8月
- 『文化情報学事典』勉誠出版 2019年12月
- 『デジタル・アーカイブとは何か —— 理論と実践』勉誠出版 2015年6月
- 『文化情報学ガイドブック』勉誠出版 2014年11月
- 『出版メディア入門 第2版』日本評論社 2012年6月
- 『岩波講座現代社会学15巻 差別と共生の社会学』岩波書店 1996年4月

ほか多数。

著書プロフィール

湯浅 俊彦（ゆあさ としひこ）
追手門学院大学・国際教養学部・教授。図書館長。

大阪市立大学大学院・創造都市研究科・都市情報環境
研究領域・博士（後期）課程修了。
博士（創造都市）。
日本出版学会理事。
日本図書館情報学会会員。
日本図書館研究会会員。
日本デジタル・アーカイブ学会会員。
日本マス・コミュニケーション学会会員。
日本ペンクラブ言論表現委員会・委員。
日本図書館協会・出版流通委員。
図書館振興財団「図書館を使った調べる学習コンクール」
審査委員。
門真市立図書館協議会・委員。
神戸市立図書館協議会・会長。

次世代に向けた電子図書館の可能性
© 湯浅俊彦 2024

2024年3月10日　　第1版　第1刷発行
2024年6月1日　　第1版　第2刷発行
著　者：湯浅 俊彦
発行所：出版メディアパル
住　所：〒272-0812　千葉県市川市若宮1-1-1
Tel&Fax：047-334-7094
e-mail：shimo@murapal.com　URL：http://www.murapal.com/

編集長：出版メディアパル／下村昭夫
編集・校正：羅針盤／瀧本英雄
組版：中西成嘉
カバーデザイン：あむ／荒瀬光治
印刷・製本：平河工業社
ISBN：978-4-902251-58-6　Printed in Japan